만화로 보는
결정적 세계사

만화로 보는 결정적 세계사

초판 1쇄 발행 2023년 4월 25일

지은이 파스칼 보니파스 / **그림** 토미 / **번역** 이수진 / **감수** 김준형

펴낸이 조기흠
책임편집 최진 / **기획편집** 이수동, 김혜성, 박소현
마케팅 정재훈, 박태규, 김선영, 홍태형, 임은희, 김예인 / **제작** 박성우, 김정우
교정교열 책과이음 / **디자인** 이슬기

펴낸곳 한빛비즈(주) / **주소** 서울시 서대문구 연희로2길 62 4층
전화 02-325-5506 / **팩스** 02-326-1566
등록 2008년 1월 14일 제 25100-2017-000062호
ISBN 979-11-5784-658-0 03900

이 책에 대한 의견이나 오탈자 및 잘못된 내용에 대한 수정 정보는 한빛비즈의 홈페이지나
이메일(hanbitbiz@hanbit.co.kr)로 알려주십시오. 잘못된 책은 구입하신 서점에서 교환해드립니다.
책값은 뒤표지에 표시되어 있습니다.

hanbitbiz.com facebook.com/hanbitbiz post.naver.com/hanbit_biz
youtube.com/한빛비즈 instagram.com/hanbitbiz

Géostratégix. La géopolitique mondiale de 1945 à nos jours en BD
by Pascal BONIFACE and TOMMY DESSINE
© Dunod, 2022, Malakoff
All rights reserved.
Korean Translation Copyright © Hanbit Biz, inc., 2023.
This Korean Edition is published by arrangement with Dunod Éditeur, France through Milkwood Agency, Korea.
이 책의 한국어판 저작권은 밀크우드 에이전시를 통한 저작권자와의 독점 계약으로 한빛비즈(주)에 있습니다.
저작권법에 의해 보호를 받는 저작물이므로 무단 복제 및 무단 전재를 금합니다.

지금 하지 않으면 할 수 없는 일이 있습니다.
책으로 펴내고 싶은 아이디어나 원고를 이메일(hanbitbiz@hanbit.co.kr)로 보내주세요.
한빛비즈는 여러분의 소중한 경험과 지식을 기다리고 있습니다.

제2차 세계대전부터 21세기까지, 지정학으로 본 국제정치사

만 화 로 보 는
결정적 세계사

파스칼 보니파스 글 | 토미 그림 | 이수진 옮김 | 김준형 감수

서문

좋은 그림 하나가 백 마디 말보다 낫다. 신문을 보다가 재능 있는 삽화가들이 사실은 멋진 논설위원이라는 사실을 알았을 때, 이 속담을 얼마나 자주 떠올렸는지 모르겠다. 나는 어렸을 때부터 만화를 좋아했고, 사유나 지식은 오로지 '진정한' 책을 통해 얻을 수 있다고 여기던 일부 지식인의 교만을 이해하지 못했었다. 만화는 우리를 독서로부터 멀리 떨어뜨려놓지 않는다. 오히려 독서로 유도한다. 만화는 사유를 방해하지 않는다. 다만 다른 방식으로 사유할 수 있게 한다.

작가이기 이전에 나는 교사이므로, 나의 최우선 임무는 지식을 전달하고 우리가 사는 세상을 더 잘 이해할 수 있도록 돕는 것이다. 이해는 배움보다 훨씬 더 중요하다. 하지만 최소한의 지식이 없으면 깊이 사유하기 어렵다.

나의 목표에 도달하게 만들어줄 도구는 현학적인 강의나 교과서에 국한되지 않는다. 만화 또한 이 목표에 기여할 수 있다. 오히려 만화는 목표에 쉽게 다가설 수 있게 돕고, 지루하지 않게 배우고 이해하게 해준다.

세상의 움직임을 만화로 설명해보겠다는 생각을 한 지는 오래되었다. 일러스트레이터를 찾을 일만 남아 있었다. 그러다 운 좋게도 토미를 만났다! 토미는 뛰어난 재능을 발휘해 나의 계획을 현실로 만들어주었다. 토미는 이 주제에 관해 잘 알고 있었다. 심지어 직접 글을 쓸 수도 있었을 것이다. 반면에 내가 그림을 그릴 수 없다는 건 자명했다. 토미는 매 컷 공을 들여 나의 글을 더욱 풍요롭게 만들어주었고, 재미와 자극을 불어넣기 위해 유머를 더했다.

아마 독자 여러분은 이것이 다만 '외교 문제'만이 아니라는 걸 본능적으로 이해하게 될 것이다. 국경 너머에서 일어나는 일은 우리의 일상에 직접적이고 즉각적으로 영향을 준다. 어쩌면 미스터리한 지정학의 비밀을 발견하고 놀라는 사람도 있을 것이다. 독자 여러분이 이 만화에서 국제적 현실을 더욱 잘 파악할 실마리를 얻을 수 있기를 바란다.

파스칼 보니파스

차례

5 서문

9 제1부 : 양극화된 세계

11 반나치 동맹에서 동서 분열까지
17 핵무기
23 찢겨나간 아시아
28 평화로운 공존을 향해?
32 근동
35 중남미: 미국의 뒤뜰
36 제3세계의 탄생
42 쿠바 미사일 위기: 가까스로 피한 핵전쟁
44 데탕트의 개념
46 군비 통제
48 유럽공동체의 형성
52 다시 문제화된 러시아의 동구 패권
56 군부독재 정권의 수립
60 베트남, 캄보디아, 파키스탄… 아시아의 갈등
65 근동: 6일 전쟁과 욤 키푸르 전쟁
73 아프리카: 인종 갈등과 아파르트헤이트
75 데탕트의 종결

79　제2부 : 평화로운 신세계 질서를 향해?

- 83　페레스트로이카
- 89　고르바초프의 개혁
- 93　실패한 페레스트로이카
- 96　독일의 재통일
- 99　소련의 내부 분열
- 102　새로운 세계 질서를 향해?
- 109　유럽에서 또다시 일어난 전쟁
- 111　20세기 말의 제노사이드

113　제3부 : 이제 세계를 지배하는 건 서구가 아니다

- 115　아프리카
- 121　중남미
- 126　아시아
- 139　미국
- 152　유럽
- 157　중동
- 168　러시아

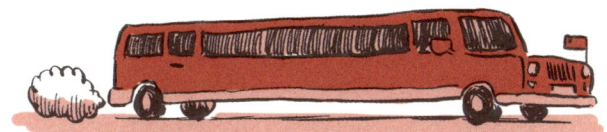

제1부

양극화된 세계

제1부 양극화된 세계

반나치 동맹에서 동서 분열까지

1945년, 유럽은 완전히 파괴되었다. 승전국과 패전국 할 것 없이 모두가 비탄에 빠지고, 생산과 보급 문제가 여기저기서 발생했다. 세계를 전쟁 속으로 끌어들인 유럽은 이제 더는 세계의 중심이 되지 못한다.

유럽은 산업, 상업, 경제, 금융의 수도들을 잃었다.

민족자결주의라는 명분으로 전쟁에 참여한 식민지 국민들에 대한 도덕적 위신과 열강으로서의 이미지 또한 잃었다.

이들은 지배국들이 독일에 빠르게 함락당하는 것을 보았다. 제2차 세계대전이 막을 내리면서, 이전까지 세계를 지배한 유럽은 미국과 소련의 경쟁구도 속 쟁점이 되었다.

독일은 황폐해지고, 파괴되었다. 독일의 GDP는 1939년의 3분의 1 수준으로 하락한다.

독일의 영토는 일부가 잘려나가 폴란드의 영토가 되었다. 수도 베를린의 건물 중 75%는 사람이 살 수 없을 지경으로 훼손되어 도시의 존망 자체가 문제시된다.

이탈리아는 뒤늦게 쿠데타를 통해 무솔리니를 끌어내린 덕에 승전국 진영에 속하게 되었지만 구매력의 75%가 하락했다.

프랑스에서는 샤를 드골 장군과 레지스탕스가 필리프 페탱*과 그 일당들에 의해 실추되었던 명예를 회복한다. GDP는 절반 수준으로 떨어지고, 국가 기반 시설이 파괴되었다.

밀라노 광장에 매달린 무솔리니와 그의 측근들의 시체

*프랑스 비시 정부 수반으로 제2차 세계대전 당시 나치 독일에 협력하여 종신형을 선고받았다.

영국은 유럽에서 처음부터 끝까지 히틀러와 맞서 싸웠다. 대영제국은 위태로워졌고, 파운드화는 국제통화로서의 지위를 잃었으며, 국민들은 매우 궁핍해졌다.

1945년 2월 4일부터 11일까지, 크림반도에서 얄타 회담이 열렸다. 이는 열강들에 의한 세계 분할을 상징한다.

얄타에서는 향후의 세계 구조를 놓고 토론이 일었다. 나치로부터 해방된 국가들은 스스로 정부를 선택할 수 있게 된다.

하지만 소련으로부터 해방된 국가에는 적용되지 않는다.

1945년 4월 25일부터 6월 25일까지 샌프란시스코 회의가 열린다. 패전국은 초대받지 못했다. 총 51개국이 참석했다.

유럽 대륙에서 거주지를 잃고 길거리로 나앉은 사람들의 수는 5천만 명에 달했다. 헝가리에서 인플레이션은 1946년 하루에 16만 퍼센트라는 기록적인 상승을 겪는다.

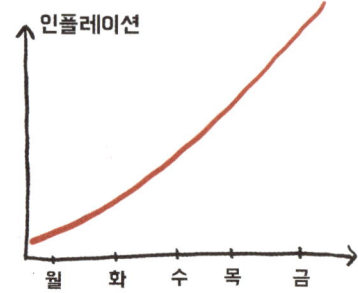

영국, 미국, 소련 외에 다른 국가는 참석하지 못했다. 이에 프랑스는 불만을 제기한다.

*프랑스 공화국(République Française)의 약자

1944년 10월 모스크바에서 열린 양자회담 당시 처칠은 스탈린에게 세력권 분배를 제안했다. 하지만 이러한 원칙에 반대한 미국의 심기를 거스르고 싶지 않았던 스탈린이 거절한다.

처칠은 그에 더해 프랑스를 유엔 안전보장이사회의 5번째 상임이사국으로서 추가하자고 설득했다.

만화로 보는 결정적 세계사

트루먼 대통령은 스탈린과 그의 팽창주의 정책을 경계한다.

공산주의는 전 세계로 뻗어나갈 자격이 없지 않나?

루마니아, 불가리아, 헝가리, 폴란드, 체코슬로바키아에서는 애국주의 진영이 공산당 주위로 집결한다.

공산당은 나치에 대한 투쟁이라는 명목으로 다른 정당들을 소탕해나간다.

유고슬라비아는 티토 대통령의 '파르티잔'에 의해 나치로부터 해방된다.

하지만 공산주의자 티토는 독립을 유지하고자 1948년 스탈린과의 관계를 끊기에 이른다. 이는 두 공산주의 국가 사이에 이뤄진 최초의 분열이다.

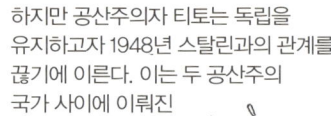

1946년 3월 5일 처칠 연설문
러시아는 전쟁을 원하지 않지만, 전쟁으로 인한 결실, 자국의 권력과 이데올로기의 끝없는 팽창은 원하고 있습니다.

발트해의 슈체친에서 아드리아해의 트리에스테까지…

…유럽 대륙을 가로지르는 철의 장막이 드리워졌습니다.

명쾌한 지적이요, 친애하는 윈스턴!

나 또한 소련 국가들을 어르는 것에 지쳤소!

이제 미국을 자유주의 세계의 선두주자로 내세울 때가 왔소!

제1부 양극화된 세계

1947년 3월 11일, 트루먼은 미국 의회 연단에 선다.

미국은 자신들을 굴복시키려는 소수의 군대 혹은 외부적 압력에 저항하는 자유주의 민족들을 지지해야 합니다.

1947년 6월 5일, 미국은 마셜플랜을 발표하며 유럽의 사회갈등을 저지하기 위한 대대적인 경제 지원을 약속한다. 이러한 지원은 서유럽의 경제 발전에 매우 중대한 영향을 준다.

*미국 가수 프랭크 시나트라가 부른 〈블루 문(Blue Moon)〉의 한 소절

존 포스터 덜레스*는 상원에서 마셜플랜을 변호했다.

만약 프랑스가 공산주의 국가가 되도록 내버려둔다면, 머잖아 미 의회는 군사 보조금을 대줘야 할 겁니다…

…그에 비하면 마셜플랜에 드는 비용은 땅콩 한 포대에 불과해 보이겠죠.

*미국 국무장관

소련에 의해 통제되던 국가들은 모스크바의 명령으로 이러한 지원을 거부한다.

노 땅콩!

1947년 7월, 외교정보지 〈포린 어페어스〉에 당시 X라는 이름으로 발표한 기사에서 외교관 조지 케넌은 소련에 대한 봉쇄정책 개념을 거론한다.

소련을 격퇴하자는 게 아니라 평화롭고 안정된 세상이라는 이해를 침해하려는 징후가 보이는 모든 지점에 대해 지속적으로 반격함으로써 러시아에 맞서야 한다는 것입니다.

1947년 10월, 동구권과 프랑스, 이탈리아의 공산당 연합인 코민포름이 설립되었다.

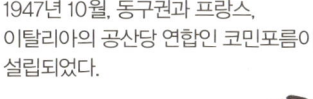

세계는 두 진영으로 나뉘어 있습니다. 하나는 미국의 제국주의가 세계를 지배하길 원하는 반민주주의·제국주의 진영이고, 다른 하나는 반제국주의·민주주의 진영이죠.

안드레이 즈다노프
스탈린주의자

세계 강대국은 미국과 소련 둘뿐입니다. 로마와 카르타고 이래로 전례 없는 세계 권력의 양극화라고 할 수 있죠!

딘 애치슨
미국 국무장관

1949년 4월 4일, 북대서양조약기구(NATO)가 창설되고, 미국은 불간섭주의를 종결한다.

미국은 소련의 습격 시 유럽 국가를 보호하기 위해 개입하기로 약속한다.

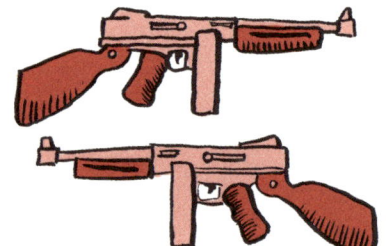

독일은 4개의 지역으로 구분된다.

소련 지역에 속하게 된 베를린은 또다시 4개 구역으로 나뉜다. 독일 일부를 통제하고, 독일이 다시 강대국이 되는 것을 막을 수 있게 된 모스크바는 만족한다.

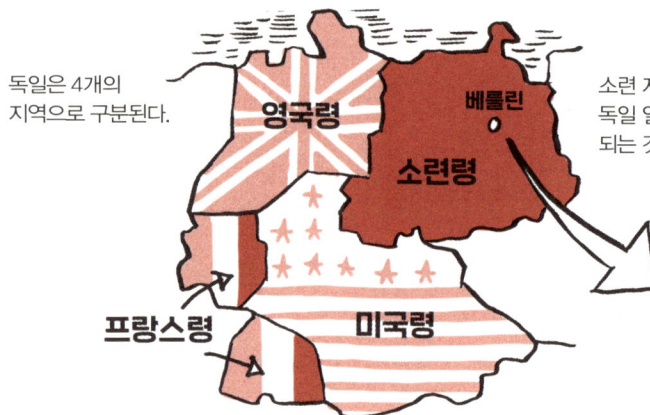

한편 서구 국가들은 독일이 산업 자원이 없는 농업국가의 지위에 한정되기를 원했다.

하지만 미국은 소련에 대항하여 유럽 경제를 부흥하기 위해서라도 독일의 경제 발전이 필요했다.

1948년 6월, 서구권은 지역을 통합하고 도이치 마르크화를 도입한다.

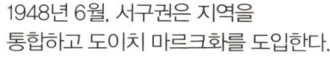

1948년 6월 24일, 소련은 베를린 서부 주변을 봉쇄하고 모든 육로와 철로 통행을 금지한다. 베를린을 통제하고자 한 것이다.

미국은 베를린 서부로 물자를 보급할 공수작전을 세운다. 이는 매우 대담하고 전략적인 도박이었다. 러시아가 비행기를 폭격하면서 전쟁에 불을 지필 수도 있었기 때문이다.

제1부 양극화된 세계

비행기 27만 5천 대가 봉쇄를 무너뜨린다.

나치 독일 군국주의의 상징이었던 베를린은 자유를 위한 투쟁의 도시로 거듭난다.

독일은 미래의 전략적 문제를 위한 미국의 동맹국이 된다.

독일 서부에는 본을 수도로 하는 독일연방공화국이, 동부에는 독일민주공화국이 탄생한다. 베를린, 독일, 유럽은 여전히 분단된 채 남는다.

핵무기

1939년 10월, 알베르트 아인슈타인은 루스벨트 대통령에게 원자폭탄의 위력을 소개하는 편지를 쓴다.

원자폭탄을 싣고 항구에 들어온 배는 항구뿐 아니라 도시 전체를 파괴할 수 있다는 내용이었다.

그렇게 무거운 폭탄을 비행기가 운반하는 게 가능할 거라고는 아무도 생각하지 않았다.

속도 경쟁이 벌어졌다. 독일이 뛰어난 과학자들을 보유하고 있었던 것이다.

루스벨트 대통령은 나치를 저지하기 위해 1941년 12월, 14만 명을 동원해 맨해튼 프로젝트를 출범한다.

만화로 보는 결정적 세계사

미국의 첫 번째 핵실험은 1945년 7월 16일 뉴멕시코 사막에서 이루어졌다.

핵무기는 나치에 대한 재보험처럼 여겨졌지만 독일은 이미 패배했고 전쟁은 태평양 지역에서 계속된다.

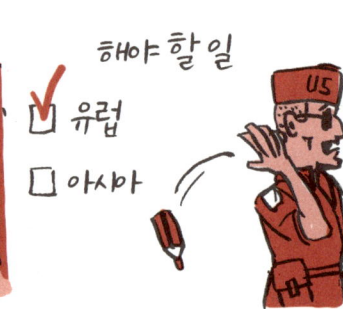

독일은 해군과 공군의 거의 모든 전력을 잃었는데도 계속해서 격렬히 저항한다.

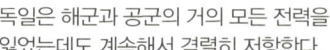

미국은 전쟁이 장기화되어 지나친 인명 피해를 낼 위험이 있다고 예측한다.

도쿄만 근해를 표적으로 삼는 일을 고심하던 미국은 도시 하나와 그곳 주민들에게 원자폭탄을 투하하기로 결정한다.

히로시마가 선택된 것은 지리적으로 분지에 있어 폭탄의 위력이 더욱 커질 것으로 예상되었기 때문이다.

이는 또한 히로히토 일왕에게서 빠른 항복을 얻어내기 위함이자…

…무사도(불명예보다 죽음을 택하는 사무라이 정신)가 전쟁을 극단으로 치닫게 하리란 우려를 종식하기 위한 피할 수 없는 결정이었다.

일본에서의 전쟁을 선포하고 국토를 침략한 소련에 시간을 벌어주지 않으려는 의도도 있었다.

당시 도시를 폭격하는 것은 전쟁에서 허용된 수단이었다.

1945년 3월 9일과 10일, 재래식 무기가 장착된 폭탄이 도쿄에 투하되고 10만 명의 사망자를 낸다.

제1부 양극화된 세계

1945년 8월 6일, (비행기로) 히로시마에 투하된 원자폭탄 하나는 투하 직후 14만 명의 사망자를 낸다.

미국 언론은 히로시마 원자폭탄이 전쟁의 종식을 앞당겼다고 보도한다.

일본은 원자폭탄이 결코 민간인을 상대로 사용되어선 안 되었다고 주장한다. 원자폭탄 사용 결정은 진주만 공격에 대한 보복과 아시아인에 대한 인종차별주의에서 비롯되었다는 것이다.

일본으로부터 아무런 반응이 없자, 그로부터 3일 뒤 나가사키에 두 번째 폭탄이 투하된다. 그러자 히로히토 일왕은 일본의 항복을 공식적으로 선언한다.

일왕의 항복 선언으로 미국은 일본 국민의 저항 없이 일본을 점령할 수 있었다.

지금까지 군사 무기의 주요 목표는 전쟁에서 이기는 것이었죠. 하지만 앞으로의 목표는 전쟁을 막는 게 될 겁니다.

버나드 브로디, 군사 전략가

국가의 활력(즉 인구와 공장)을 약화해야 한다는 뜻이다. 핵무기는 이를 위한 가장 이상적인 무기로 여겨진다.

핵은 근본적으로 새로운 유형의 무기였지만, 과거 전쟁에서 사용되던 군사적 원칙이 여전히 적용된다. 1921년, 이탈리아 공군 장교 줄리오 두헤는 '전략 폭격'이라는 개념을 탄생시켰다.

이제 전쟁은 참호 같은 전방이 아니라 후방에서 승리하는 겁니다!

소련과 달리 미국은 평화 시기에 군수산업을 발전시키길 원하지 않았다. 전쟁 이후 미군의 방어력은 빠르게 약화하고, 병사의 수 또한 줄어든다.

홈, 스위트 홈...

우리 보비가 아직 유럽 여행에서 완전히 돌아오지 못한 모양이에요.

투두두두! 빵!

핵무기는 재래식 무기 측면에서 미국의 열세를 보완할 수단이었다.

핵무기는...

...쩐은 덜 들면서 더 큰 쾅 소리를 내지!

아이젠하워 미국 대통령

핵무기는 재래식 무기와 본질적으로 차이가 없지만 성능은 훨씬 뛰어났다. 미 국방부에 따르면 재래식 무기 1톤이 같은 양의 핵무기보다 74배나 더 비쌌다.

미국은 소련이 따라잡을 수 없을 만큼 자국의 기술이 진보했다고 생각했지만, 스탈린은 미국이 핵무기를 독점하는 걸 두고 볼 수만은 없었다.

첩보활동과 과학적 역량 덕분에 소련은 1949년에 첫 번째 핵실험을 진행하게 된다. 이로써 군비경쟁이 시작된다.

제1부 양극화된 세계

이전

이후

1950년대 말까지 모스크바와 워싱턴의 힘은 불균등했고, 미사일의 타격 범위도 한계가 있었다.
소련의 미사일은 유럽 영토에 도달할 수는 있었지만 미국 영토까지는 도달하지 못했다.

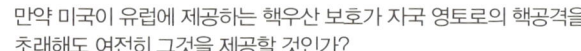

반면 서유럽에 있는 미국의 미사일은 소련 영토에 도달할 수 있었다.

하지만 1950년대 말, 소련이 대륙 간 탄도미사일을 보유하게 되면서 미국은 근심에 빠진다.

만약 미국이 유럽에 제공하는 핵우산 보호가 자국 영토로의 핵공격을 초래해도 여전히 그것을 제공할 것인가?

런던이나 파리를 보호하기 위해 시카고나 뉴욕을 잃을 위험을 감수할 것인가?

억지 이론 때문에 그러한 위험은 없다. 소련이 공격을 단념할 테니 미국이 핵무기를 사용할 일은 영영 없을 것이다.

하지만 여론 탓에 미국은 대규모 보복보다는 점진적 반격을 택하는 쪽으로 핵무기 독트린을 수정하게 된다.

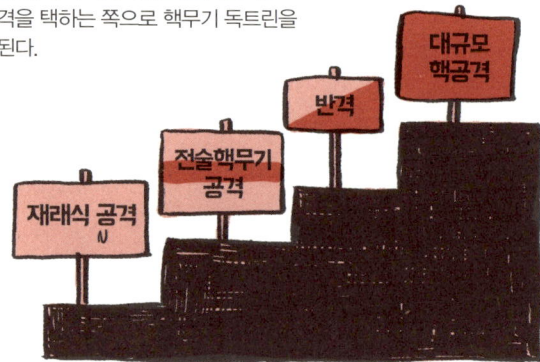

하지만 '핵의 문턱'이 낮아지면서 우리는 핵전쟁이 일어날 가능성 또한 받아들이고 있다. 앞으로 핵무기는 전쟁을 막기 위해서가 아니라 이기기 위해 사용될 것이다.

제1부 양극화된 세계

찢겨나간 아시아

인도인들은 제2차 세계대전이 발발하기 전부터 독립을 요구해왔다. 전쟁 이후, 독립은 불가피한 일이 된다.

인도 만세 / 독립 만세

독립을 위해 투쟁한 인물 중 비폭력, 비협조를 주장한 간디가 있다.

영국은 강제로 식민지 관계를 유지할 정당성을 잃는다.

말해봐. 우릴 사랑하지? 우리가 안 떠났으면 좋겠지?!

하지만 인도제국 내 소수의 무슬림은 힌두교의 지배를 원하지 않았다.

1947년 7월 15일 인도의 독립 법안이 채택되어 인도연합과 파키스탄을 두 개의 서로 다른 국가로 만든다.

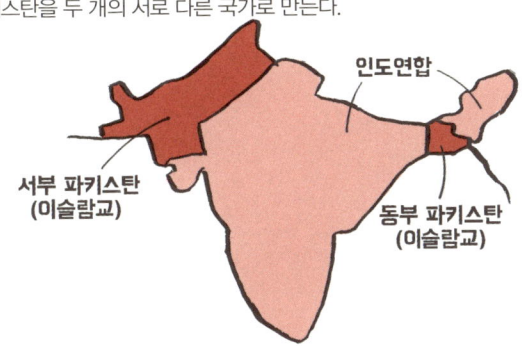

인구가 서로 뒤섞이면서 분열은 폭력 사태를 빚는다. 내전이 발발해 1천600만 명이 이주하고 200만 명이 사망한다.

인구 대다수가 무슬림인 카슈미르는 파키스탄에 편입되고자 했다.

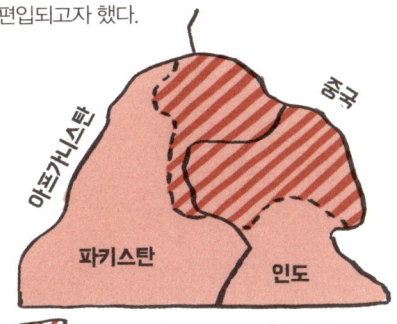

하지만 카슈미르의 힌두교 통치자 하리 싱은 인도와의 통합을 요구했다.

한편 일본은 1942년에 인도네시아를 점령했다.

1945년, 네덜란드가 인도네시아를 탈환하려 했지만 실패로 돌아간다.
1949년, 인도네시아는 독립국이 된다.

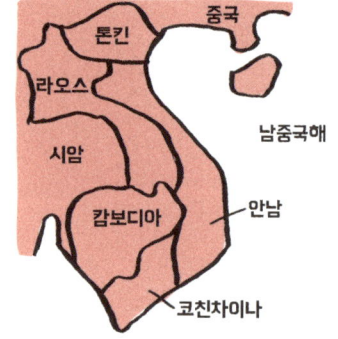

일본은 프랑스령 인도차이나 역시 점령했었다.

공산당 지도자 호찌민은 프랑스가 거부했던 독립을 선언한다. 그리고 소련과 중국의 지원 아래 1949년부터 반란을 일으킨다.

프랑스는 미국의 (적당한) 지지를 받고 있었다.

전쟁이 장기화하면서, 프랑스 내부를 비롯해 전 세계의 민심이 돌아선다.

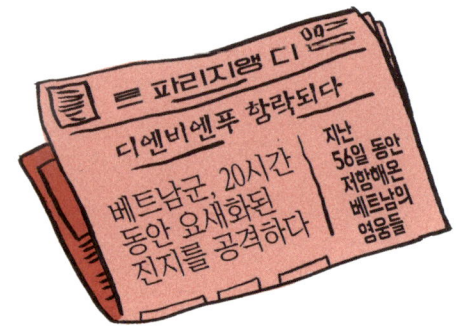

1954년 디엔비엔푸 전투에서의 수치스러운 패배와 함께 프랑스는 베트남의 독립을 받아들인다. 이 전투로 60만 명이 사망했다.

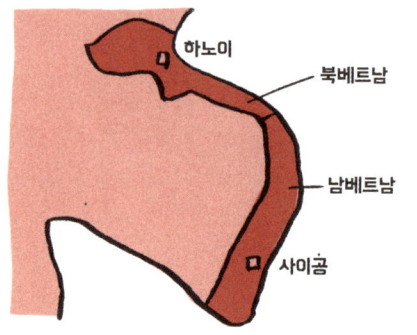

제네바 협약은 북위 17도선을 경계로 베트남을 미국이 보호하는 남부와 공산당이 보호하는 북부로 나눈다.

제1부 양극화된 세계

일본의 항복 이후, 중국에서는 국민당과 공산당 간의 전쟁이 재개된다.

미국의 도움에도 불구하고, 부패하고 와해되어 있던 국민당은 후퇴한다.

1949년 10월 1일, 마오쩌둥은 중화인민공화국 수립을 선포한다. 세계에서 가장 인구수가 많은 나라인 중국이 공산국가가 된다.

국민당의 장제스는 대만으로 망명한다. 그런데도 대만은 유엔 안전보장이사회 상임이사국의 지위를 지켜낸다.

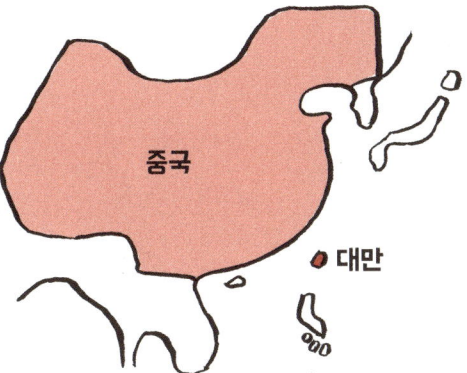

1950년 2월, 중국은 소련과 우호 및 동맹 조약을 맺는다.

이들의 연합은 공산주의가 전 세계적으로 위력을 떨치는 계기가 된다.

한편, 한국은 1910년부터 일본에 점령된 상태였다. 얄타 회담에 따라 한국은 남북으로 갈려, 북위 38도선을 경계로 소련군과 미군이 서로 대치하게 된다.

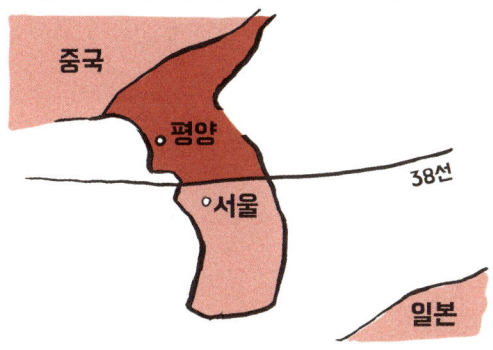

미국과 소련은 각각의 체제를 수립해 남한과 북한을 통치하다가 1949년 초에 각자의 군대를 한반도에서 철수하기로 한다.

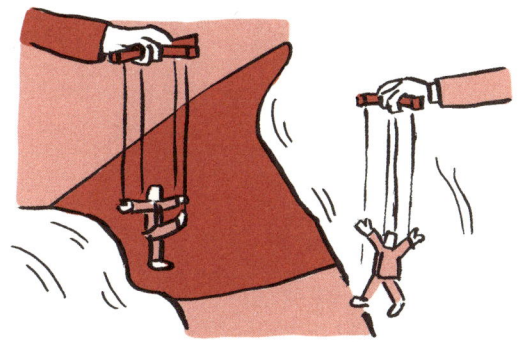

만화로 보는 결정적 세계사

1950년 1월 12일, 미국 국무장관 딘 애치슨은 아시아 내 미국의 방위선을 선언한다. 한국은 여기서 제외된다.

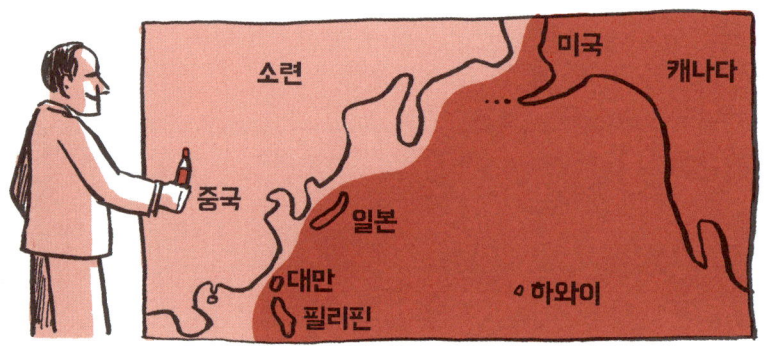

북한의 김일성은 이를 한반도 무력 통일의 기회로 보았고, 스탈린의 허가도 얻어낸다.

그해 6월 25일, 북한군이 38선을 넘는다.

미국 대통령 트루먼은 공산주의 진영이 전쟁을 통해 영토를 획득하는 것을 인정할 수 없다고 판단한다.

문제는 미국이 소련을 신뢰할 수 있느냐는 것이오!

마침 소련은 대만을 중국의 정통 정부로 인정하는 데 반대하기 위해 안보리 참석을 보이콧한다.

이를 기회로 미국은 공격당한 남한에 대한 유엔의 군사적 지원 여부를 투표에 부친다. 그리고 전체 병력의 90%에 해당하는 군사력을 제공한다.

맥아더 장군이 이끄는 미-유엔군이 10월 7일 38선을 넘어 북한군을 격퇴한다.

제1부 양극화된 세계

마오쩌둥은 김일성을 돕기로 결정한다. 80만 명의 '자발적' 중국군이 참전한다. 이들이 미군을 무찌르면서 서울은 초토화된다.

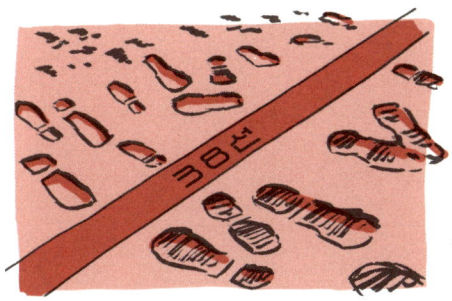

네루 인도 총리와 애틀리 영국 총리는 이러한 결정에 반대했고, 트루먼 대통령에게 경고한다.

전쟁은 답보 상태에 놓인다. 1953년 판문점에서 휴전협정이 조인된다. 남북 양측은 38선 너머로 물러난다.

서구 국가들은 한국전쟁이 유럽으로의 대규모 공격을 위한 교란작전이나 리허설이 되지는 않을까 두려워했다.

공식적으로 미국과 중국 사이에서는 아무런 전쟁도 일어나지 않았다. 다만 한쪽에는 유엔군이, 다른 한쪽에는 중국의 자발적 지원을 받은 북한군이 있었을 뿐이다.

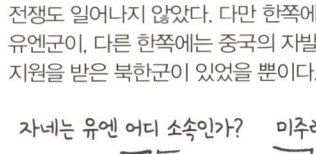

트루먼은 맥아더를 해임하고 군부 권력보다 정치 권력이 더욱 우위에 있음을 명확히 한다.

전쟁으로 군인 70만 명이 사망하고 90만 명이 부상을 당했다. 민간인 사망자 수는 200만~400만 명으로 추산된다. 제3차 세계대전을 가까스로 피한 것이다. 냉전시대의 절정이었다.

맥아더는 핵을 사용해 중국을 폭격하자고 제안한다.

트루먼은 군사적 승리를 가져다줄 무기 사용을 정치적 이유로 거부한다.

서구 국가들은 대서양 동맹을 강화하여 상설 조직이자 군대인 NATO를 창립한다.

일본은 국가적 명예를 회복한다. 이제는 잔인한 적국이 아니라, 가라앉지 않는 미국의 항공모함이 된 것이다.

일본은 미국의 원조와 미국 시장으로의 접근이라는 혜택을 얻는다. 일본 경제의 기적이 이렇게 시작된다.

"석유, 버거, 픽업!"

한국전쟁은 신이 일본에 준 선물 같았지요.

"아리가또…"

요시다 시게루 일본 총리

이 발언은 제2차 세계대전 당시 한국에서 행해진 일본의 만행으로 이미 깊어질 대로 깊어져 있던 두 국가 사이의 골을 더욱 깊어지게 한다.

평화로운 공존을 향해?

1953년 3월 5일, 스탈린이 사망한다. 스탈린은 소련 체제의 잔혹성, 외부로의 확장, 내부로의 억제를 상징했다.

사랑하는 우리의 지도자께

그 뒤를 이은 흐루쇼프는 비교적 안심이 되는 외모였다.

"한국 상공의 비행기 안에 있는 건…"

"…그냥 러시아인 한 명과 미국인 한 명 이에요…"

1956년 2월 25일 제20차 소련 공산당 전당대회 당시, 흐루쇼프는 비공개 연설을 한다.

"저는 스탈린을 둘러싼 개인숭배를 규탄합니다…"

"…스탈린의 처참한 경제정책, 탄압, 대규모 강제수용도 말이죠!"

제1부 양극화된 세계

비공개였지만 비밀이 아니었던 이 연설은 세계적으로 커다란 파장을 일으킨다. 흐루쇼프의 개방 노선이 스탈린주의보다 뛰어났기 때문이다.

소련제국 내 각국의 특수성을 고려하겠다는 가능성 또한 내비쳤다.

흐루쇼프는 소련과 미국 정치 체제의 평화로운 공존을 주장한다.

열강들 사이에 일반화된 갈등 개념이 점점 사라지고, 각각의 세력권이 암묵적으로 인정받기 시작한다.

흐루쇼프는 소련의 경제적 발전과 사회주의 체제의 효율성이 자본주의를 능가하게 해줄 거라 믿었다.

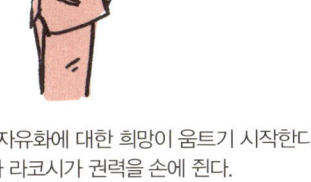

자국의 경제 발전과 서구권의 부진으로 인해 평화적 승리를 거두리라 확신한 소련은 세계적 혁명운동의 전파를 포기한다.

흐루쇼프의 연설로 상대적 자유화에 대한 희망이 움트기 시작한다. 헝가리에서는 스탈린주의자 라코시가 권력을 손에 쥔다. 라코시는 개혁가 너지 수상을 감옥에 보낸다.

1956년 10월, 헝가리에서 혁명이 일어난다. 흐루쇼프는 라코시를 해임한다. 너지 임레가 새로운 정부를 구성한다.

하지만 혁명의 기세는 점점 거세진다. 동구권에 송출된 미국 라디오는 공산 진영을 약화하기 위해 헝가리인의 반란을 부추긴다.

*화염병을 뜻한다. 소련 외상 뱌체슬라프 몰로토프의 이름에서 따왔다.

11월 1일, 너지는 바르샤바조약기구를 비난하면서 헝가리가 중립국이 되었음을 선포한다.

자신의 개방정책이 결점으로 여겨지길 원치 않은 흐루쇼프는 격분한다. 바르샤바조약기구의 군사 개입은 헝가리의 반란을 무참히 짓밟는다.

너지는 투옥되어 처형당한다.

새롭게 권력을 쥔 정권은 국민과 '망각 조약'을 맺는다.

헝가리 정권은 동유럽의 다른 정권보다 탄압이 덜했지만 여전히 바르샤바조약기구에서 자유롭지 못했다.

헝가리 국민의 반란을 부추긴 서구 국가들은 개입하지 않았다.

전쟁이 확산하기를 바라는 사람은 아무도 없었다. 다들 암묵적으로 세력권을 인정했다.

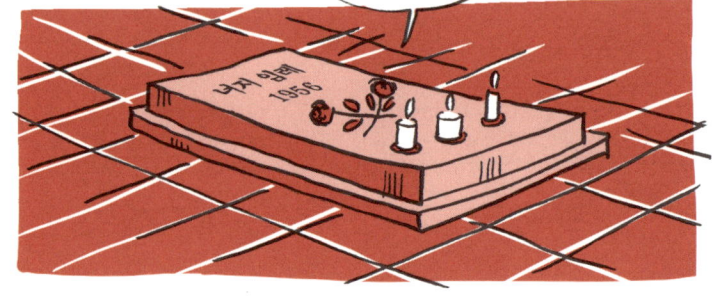

제1부 양극화된 세계

한편 철의 장막이 동독과 서독 사이의 왕래를 가로막고 있었다. 경계를 넘는 것은 불가능했다.

베를린은 동독 내부에 고립된다.

반면 동베를린과 서베를린 사이에는 자유로운 왕래가 이루어졌다. 그곳을 통해 서베를린으로 이동하는 것이 가능했다.

1949년부터 1961년 사이에 동독인 350만 명이 투표권을 포기하고 서독으로 옮겨 간다.

이들이 선택한 것은 자유와 더 나은 생활수준이었다.

이는 동독 정권에 대한 부정과 같았다. 동독을 떠난 이들은 잘 교육받은 젊은 층이었다.

1961년 8월 15일 밤, 동독 당국은 베를린의 동·서 경계선을 따라 긴 벽을 세운다.

이 장벽은 분단된 유럽과 억압적인 동독 정권을 상징하게 된다.

1961년과 1989년 사이, 장벽을 건너려던 1천245명이 목숨을 잃었다.

성공한 사람들은 5천 명에 달했다.

테오도르 헤르츨은 1897년 세계시오니스트기구를 설립한다.

반유대주의로부터 유대인을 보호하기 위해, 유대 민족을 위한 집을 만들어주려는 목적에서였다.

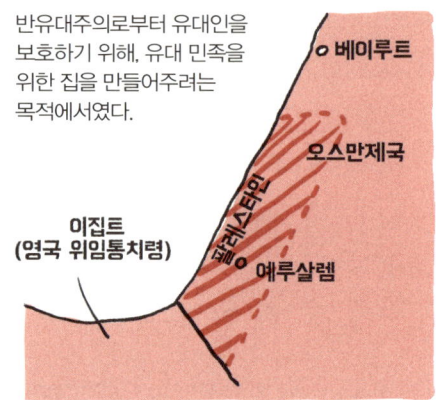

1917년, 외무부 비서 아서 밸푸어 경은 독일과의 전쟁에 유대인 공동체를 끌어들이고자 했다.

…이것이 바로 영국이 팔레스타인에서 '땅 없는 민족에게 민족 없는 땅을'이라는 계획을 지지하는 이유입니다!

문제는 유대인들이 땅 없는 민족은 맞지만, 세상에 민족 없는 땅이란 존재하지 않는다는 것이었다. 팔레스타인에는 대부분 아랍 민족이 거주하고 있었다.

영국은 아랍 민족에게 독립의 희망을 품게 함으로써, 당시 독일의 동맹국이던 오스만제국에 대항해 반란을 일으키도록 조장한다.

1920년, 팔레스타인은 국제연맹에 의해 영국의 위임통치령이 된다. 아랍 민족은 이에 커다란 배신감을 느낀다.

시오니즘운동에 의해 고무되고 반유대주의 팽창에 공포심을 느낀 유대인들은 팔레스타인으로 이주한다. 1919년부터 1939년까지 그 비율은 10%에서 30%로 상승한다.

1945년, 유엔은 팔레스타인 문제를 해결하기 위해 나선다. 반유대주의 대학살로 인해 유대인 국가 수립의 정당성이 더욱 대두된다.

두 시간 드리겠습니다.

제1부 양극화된 세계

하지만 아랍인들은 유럽이 그들 땅에서 일어난 범죄의 대가를 자신들에게 대신 치르게 한다고 여겼고, 이스라엘 국가 수립에 맹렬히 반대한다.

유대 민족과 아랍 민족의 관계는 토지소유권 문제를 놓고 더욱 악화했다. 갈등은 점점 더 심해진다.

영국인들을 몰아내고 유대인을 위한 국가 수립을 가속하기 위해 급진주의 유대인 단체들이 테러를 조직한다.

두 민족이 공존하는 국가 수립을 고려하던 유엔은 영토 공유 계획을 발표한다.

유대 국가가 팔레스타인 영토의 55%에 수립되고, 아랍 국가는 나머지를 차지하기로 한다.

1948년 5월 14일, 이스라엘 국가 수립이 공표된다. 아랍 국가들은 이를 막기 위해 전쟁을 일으킨다.

그리고 참패한다.

팔레스타인 내 아랍인들에게는 '나크바(Naqba)', 즉 대참사였다. 60만 명이 팔레스타인을 떠나거나 강제로 추방당한다.

이스라엘은 위임통치령 팔레스타인의 78%를 차지한다. 이집트는 가자지구를, 요르단은 요르단강 서안지구와 동예루살렘을 지배한다.

팔레스타인 국가는 나머지 영토의 어디에도 수립되지 못했다.

1952년, 이집트에서 가말 압델 나세르가 정권을 잡는다. 민족주의자이자 세속주의자였던 나세르는 아랍 세계와 제3세계의 지도자 역할을 하고자 한다.

…아스완하이댐이 이집트 국민에게 새로운 피라미드를 발견한 것과 맞먹는 자부심을 주었기 때문이다.

미국은 무기가 이스라엘을 향해 쓰일 것을 우려해 이집트의 무기 판매 요청을 거부한다. 나세르는 모스크바에 도움을 청한다.

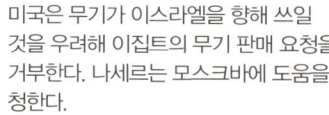

1956년 7월 26일, 나세르는 수에즈운하를 국유화한다. 수에즈운하의 주요 주주는 프랑스였고, 주요 사용자는 영국이었다.

당시 독립운동이 한창이던 알제리에 이 사건이 미칠 영향을 우려한 프랑스, 영국, 이스라엘은 함께 전쟁을 일으킨다. 프랑스와 영국은 무력으로 수에즈운하 지배권을 손에 넣는다.

미국은 아스완하이댐 건설에 대한 자금 지원 역시 거부한다. 이 문제는 경제적인 동시에 상징적인데…

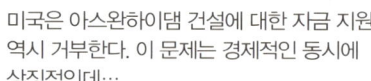

나세르는 반서구주의적 연설을 했다. 이스라엘에 대한 완전한 적대심은 나세르를 새로운 히틀러처럼 보이게 했다.

이에 소련은 핵보복 위협으로 대응한다.

미국은 동맹국인 프랑스와 영국을 보호하길 거부하고, 프랑스와 영국은 어쩔 수 없이 퇴각한다.

나세르는 승리를 거머쥐고, 아랍 세계와 제3세계의 영웅이 된다.

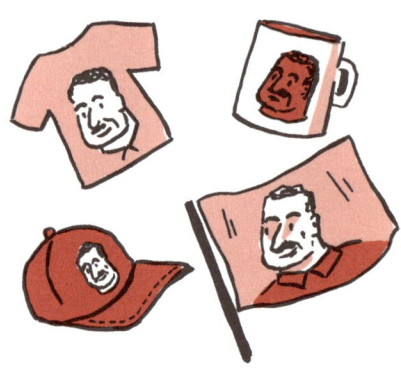

프랑스와 영국은 이 일을 두고 반대되는 결론을 도출한다. 프랑스는 전략 문제에서 더는 미국을 신뢰하지 않았고, 영국은 미국 없이는 아무것도 하지 않기로 한다.

제1부 양극화된 세계

1823년, 미국 대통령은 '먼로 독트린'을 표명한다. 유럽 열강이 북미 혹은 중남미의 국가적 사안에 개입하는 것을 철저히 방지하는 정책이다.

1901년, 시어도어 루스벨트 미국 대통령은 먼로 독트린을 확장한다.

미국은 중남미와 카리브 제도를 자기 집 뒤뜰처럼 여기고 있었다. 이것이 1945년 이후 소련의 침범을 막아준다.

1947년, 미주상호원조조약이 체결된다. 1948년에는 미주기구(OAS)가 창설된다.

아메리카 대륙의 안전 보장이 목적이었지만, 안전을 위협하는 요인은 군사적이기보다는 정권의 전복, 공산주의, 민족주의 등 정치적인 것이었다.

1954년, 미국은 하코보 아르벤스 구스만 과테말라 대통령의 진보정권을 무너뜨린다.

하코보 대통령은 미국의 다국적기업인 유나이티드 프루트에 주어지던 특혜를 철폐하고자 했다.

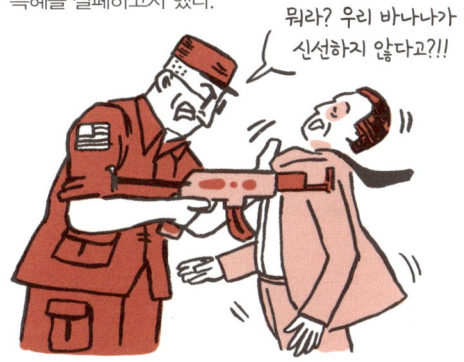

제3세계의 탄생

탈식민지화로 한 세대 만에 국가의 수가 3배로 증가하면서 세계지도가 어지러워진다.

유럽 식민지 열강의 위신은 무너진다.

피지배국 국민은 빠르게 몰락하는 열강(프랑스, 네덜란드, 벨기에)과 방어 진지 뒤로 밀려나는 열강(영국)의 모습을 목격했다.

1945년 이후 출현한 강대국(미국, 소련)은 신념에 의해, 그리고 그들의 전략적 이익을 장려하기 위해 제국주의에 반대한다.

이들은 식민지 열강을 자신들의 세력으로 대체하고자 한다.

반면 식민지 열강은 식민지를 유지함으로써 열강의 지위를 보존할 수 있다고 여긴다.

가스통 몽네르빌

1952년, 알프레드 소비는 앙시앵 레짐의 제3신분 개념을 참고해 제3세계 개념을 발표한다. 이는 공산주의와 자본주의 체제로부터 구분되는 것이었다.

서구 국가들과 공산주의 국가들은 산업화된 국가였다. 동서 대립을 넘어 남북 대립이 생겨난다.

제1부 양극화된 세계

제3세계는 원자재에 국가 경제를 의존하는 개발도상국들로 이루어진다.

1955년 4월, 아시아 및 아프리카 29개국은 인도네시아의 반둥에 집결한다. 이들 국가의 인구는 세계 인구의 50%를 차지했지만, GDP는 단 8%에 불과했다.

회의의 종결은 수카르노 인도네시아 대통령이 맡았다.

1961년, 베오그라드에서 25개국이 집결하여 동서 분열에서 벗어나야 한다고 주장한다.

교역은 불공정했다. 선진국은 자국이 만든 산업 제품을 비싸게 팔고 개발도상국의 원자재는 싸게 사들였다.

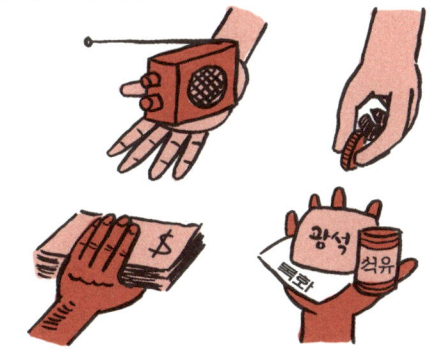

이들은 대다수가 여전히 식민 지배 아래 있는 두 대륙의 탈식민지화라는 정치적 의지를 담아 아프리카–아시아주의 개념을 발전시킨다.

1956년, 티토 유고슬라비아 대통령은 네루 인도 총리와 나세르 이집트 대통령을 브리유니에서 맞이한다. 이들은 소련과 미국에 맞서 정치적 독립을 표명하고자 한다.

이는 미국이나 소련과 동맹을 맺지 않고자 하는 비동맹운동을 지칭한다.

실질적 비동맹주의 국가의 핵심(유고슬라비아)을 제외한 일부 국가들은 두 강대국과 서슴없이 가깝게 지냈다.
소련과 우호적인 국가는 인도, 알제리, 쿠바였고, 미국과 우호적인 국가는 모로코와 인도네시아였다.

1945년 5월 8일 휴전협정 당일, 알제리 세티프에서는 독립을 요구하는 평화 시위가 열린다.

한 경찰이 알제리 국기를 들고 있던 사람에게 발포한 사건이 소요의 발단이 된다. 이후 100여 일 동안 유럽인 27명이 목숨을 잃는다.

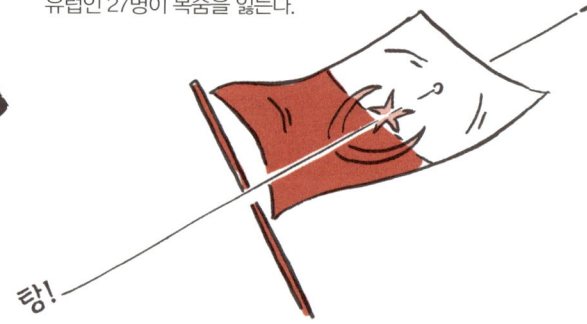

계엄령이 선포되고, 알제리 국민 2만 명이 사망한다.

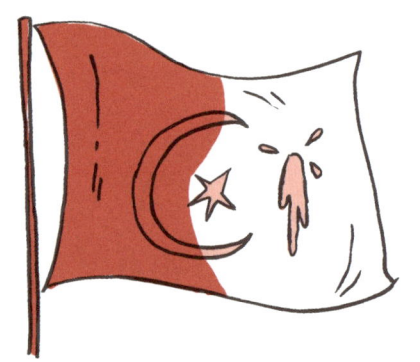

1947년 3월, 마다가스카르에서 일어난 독립 요구 시위 역시 피로 진압된다.

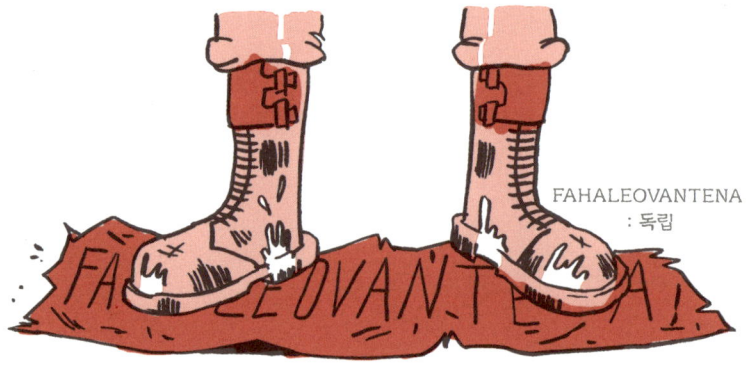

FAHALEOVANTENA : 독립

1954년, 국민해방전선(FLN)은 군사를 일으켜 알제리의 독립을 요구한다.

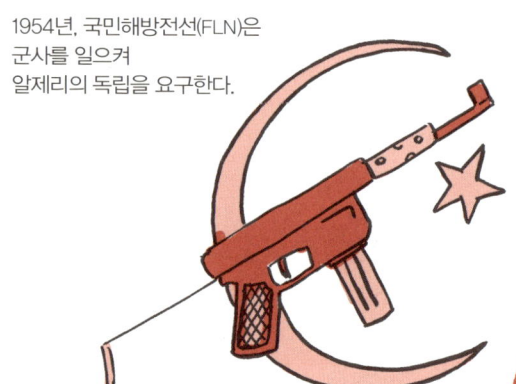

당시 프랑스 본국인 수는 튀니지에서 20만 명, 모로코에서 40만 명, 알제리에서는 100만 명에 달했다.

제1부 양극화된 세계

이 세 국가는 프랑스의 다른 아프리카 식민지와는 달리 이주식민지였다.
이들 영토 내 본국인 비중은 독립을 열망하는 이들의 반감을 더욱 증대시킨다.

그러나 세 국가의 상황은 각기 달랐다. 1956년 3월, 튀니지는 피에르 망데스 프랑스 전 프랑스 총리가 맺었던 정책 덕분에 독립을 거머쥐었고, 같은 해 프랑스는 모로코에 대한 식민 지배 종식을 인정한다.

피에르 망데스 프랑스

그러나 기 몰레 프랑스 총리는 알제리에 관해서는 다른 결정을 내린다.

'더러운 전쟁'의 시작이었다. 수탈, 고문, 테러, 약식 사형이 수없이 자행된다.

공식적으로는 단순한 '사건'으로 규정된 이 전쟁은 프랑스 국민의 반발과 전 세계의 빈축을 산다.

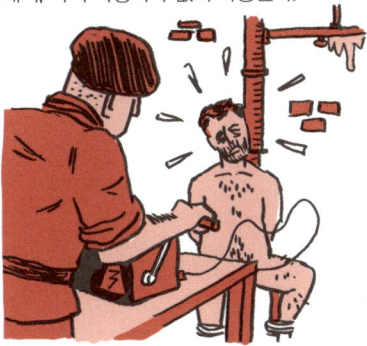

인도차이나 전쟁 이후, 프랑스 제4공화국은 위기에 처해 있었다.
드골은 알제리 식민 지배를 존속시키기 위해 1958년 다시 대통령이 된다.

드골은 알제리와의 전쟁에서 승산이 없으며, 대외적으로나 경제적으로 프랑스에 어떠한 이익도 없으리라는 판단을 내린다.

드골은 국민해방전선과 평화협정을 체결하기 위한 논의에 착수하고, 1961년에는 이를 저지하려는 알제리군의 쿠데타 시도를 막아낸다.

알제리의 독립협정은 1962년 3월 18일에 체결된다.
90%의 프랑스인과 99%의 알제리 국민이 이에 동의한다.

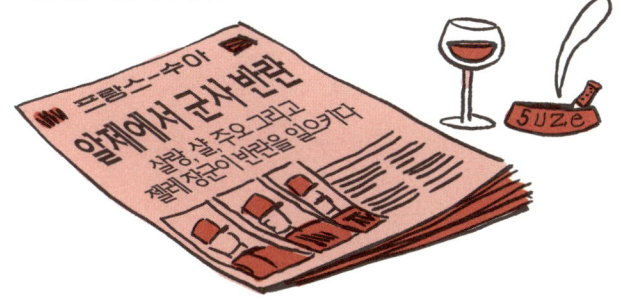

그 외 아프리카 식민지에서는 1956년 드페르법에 따라, 프랑스령 적도아프리카(AEF)와 프랑스령 서아프리카(AOF)의 내부 자치권이 인정된다.

1958년, 드골은 프랑스령에 남을지, 즉각 독립할지를 식민지가 스스로 선택하도록 한다.

기니는 즉각 독립을 선택하면서 프랑스와 교류를 차단한다.

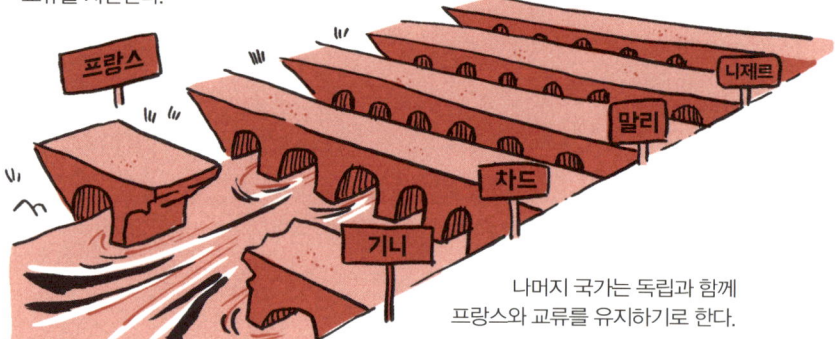

나머지 국가는 독립과 함께 프랑스와 교류를 유지하기로 한다.

드골은 헌법 개정을 받아들인다. 이것이 프랑스 공동체의 끝이었다. 아프리카 12개국과 마다가스카르는 완전한 독립을 얻고 1960년 유엔에 가입한다.

유럽의 식민지 중 가장 거대하고 부유한 벨기에령 콩고에는 천연자원이 넘쳐났다. 벨기에령 콩고는 벨기에 왕의 사유재산이었으며, 콩고인은 끔찍하게 착취당하고 있었다.

벨기에령 콩고는 1960년 독립하여 콩고민주공화국이 된다. 서구 열강은 자원이 집중된 카탕가 지역을 분리하려고 시도한다.

콩고민주공화국의 파트리스 루뭄바 총리는 진보주의자였다. 루뭄바는 소련에 도움을 청한다.

하지만 서구 열강의 보호를 받던 모부투 측에 의해 암살당하고, 모부투는 1961년 권력을 손에 쥔다.

제1부 양극화된 세계

영국 역시 아프리카 식민지들을 독립시킨다.

나이지리아 1960년

시에라리온 1961년

가나 1957년

우간다 1962년

케냐 1963년

탄자니아 1961년

독립에 동의한 국가에는 유엔 가입이 승인된다. 이들 국가는 자신들이 과반석을 차지한 총회를 열어 탈식민지화에 박차를 가하는 연설을 한다.

1960년, 유엔 총회는 결의안 제1541(XV)호를 채택하면서 즉각적이고 조건 없는 탈식민지화 권리를 공표한다. 이로써 식민 지배는 유엔 헌장에 반하며 세계 평화에 대한 위협을 뜻하는 통치행위가 된다.

쿠바 미사일 위기: 가까스로 피한 핵전쟁

1959년, 피델 카스트로는 게릴라전을 승리로 이끌고 쿠바의 정권을 잡으며, 바티스타 독재 정권에 마침표를 찍는다.

쿠바는 스페인으로부터 독립한 1898년 이래로 미국의 준식민지였다.

카스트로는 민족주의자이자 진보주의자였지만, 동료 체 게바라와는 달리 마르크스주의자는 아니었다.

카스트로는 농지개혁에 착수하고 미국이 소유하고 있던 자산을 국유화한다.

미국은 이에 대한 반격으로 쿠바 수출의 80%를 차지하는 쿠바산 설탕 매입을 거부한다.

카스트로는 미국의 모든 자산을 국유화한다.

미국은 쿠바를 압박하려 쿠바에 대한 금수조치를 선포한다.

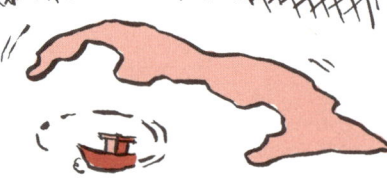

세계는 미국에 반기를 든 낭만적인 비스탈린주의 혁명가들인 바르부도*들에게 열광한다.

1961년 4월 17일, 미 중앙정보부(CIA)의 도움으로 카스트로 정권에 반대하는 쿠바인 망명자 1천500명이 피그스만 상륙을 시도한다.

결과는 대실패였다.

카스트로는 미국으로부터 자신을 보호하기 위해 소련에 도움을 요청하고 스스로 공산주의자임을 선포한다.

*'털보'라는 뜻으로 쿠바혁명을 일으킨 혁명가들을 지칭한다.

제1부 양극화된 세계

혁명에 대한 신념과 정권 강화를 위한 목적에서 카스트로와 게바라는 중남미로 혁명을 전파하고자 한다.

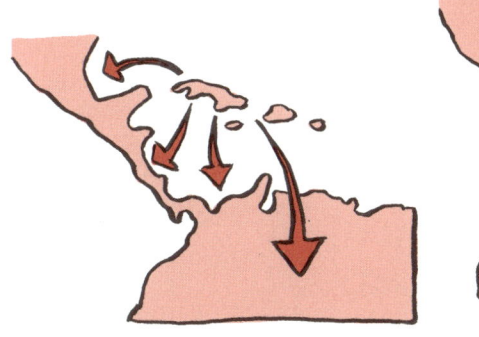

미주기구는 이에 대한 보복으로 쿠바를 제명한다.

금수조치도 시행된다.

1962년 10월. 미국의 첩보 비행기 U-2가 쿠바에서 소련의 비밀 핵미사일 기지를 탐지한다. 미국인들은 커다란 충격에 빠진다.

"선데이, 블러디 선데이~♪"

쿠바에 섣불리 개입했다가는 소련과 전쟁이 벌어질 수 있어요. 그랬다간 제3차 세계대전이 일어납니다!

아무것도 하지 않으면 영원한 위협 속에 살게 되고, 동맹국의 신뢰를 잃고 말 겁니다.

너무 강하게 나가면 동맹국들과 중남미 국가들이 우리한테 등을 돌릴 겁니다. 그렇다고 너무 약하게 나가면 우릴 무시하겠죠.

쿠바에 봉쇄령이 내려졌지만, 미사일은 이미 배치된 뒤였다.

승리한들 우리의 입에 재만 남겨줄 세계 전쟁이라는 위험을 굳이 감수할 수는 없습니다…

…그러나 이 위협에서 물러서지는 않을 것입니다!

케네디

두 수반은 공공연히 핵전쟁의 그림자를 드리우고, 전 세계가 촉각을 곤두세운다.

침략국들이 전쟁을 일으킨다면, 소련은 가장 강력한 공격으로 응수할 것입니다!

흐루쇼프

직접적인 소통이 가능한 기술적 수단은 없었지만 두 수반 사이에 은밀한 협상이 시작된다.

흐루쇼프 철자가 어떻게 된다고 했지?

친애하는…

두 수반은 타협점을 찾는다. 소련은 미사일을 거두고, 미국은 쿠바를 침략하지 않기로 약속한다. 세계는 가까스로 핵전쟁을 피했고, 미국과 소련은 대립에도 불구하고 서로 핵전쟁을 원치 않는다는 공통점을 확인한다.

아이, 먼저 끊으세요…

…아닙니다. 먼저 끊으세요!

카스트로는 격분한다. 소련이 쿠바를 버렸다고 느낀 것이다.

쿠바 미사일 위기 이후, 쿠바는 미국의 주된 적국으로 여겨진다.

미국은 쿠바에 엄격한 금수조치를 취하고, 이는 쿠바의 경제 발전을 저해해 쿠바가 모스크바에 의존할 수밖에 없게 만든다.

데탕트*의 개념

*'긴장 완화'를 뜻하는 프랑스어로 미·소 냉전 체제의 유화기를 가리킨다.

리처드 닉슨이 1968년 미국의 대통령 후보가 된다.

저는 미국이 소련과의 대립에서 벗어나, 협상이라는 새로운 시대를 맞이해야 한다고 생각합니다.

저는 군사적 우위에 반대하고 민족의 자존을 지지합니다.

헨리 키신저는 국가안보보좌관 자리에 오른다. 오스트리아 출신 대학교수이기도 했던 그는 1815년 빈 회의에 관한 논문을 쓴다.

…다들 알겠지만 프랑스혁명과 영불전쟁이라는 격동기가 지나고 빈 회의는 유럽인들을 평화 속에서 살게 해주었죠.

현실주의적 정책을 신봉하던 키신저는 민주주의가 아닌 정권을 모조리 악마화하는 미국 외교의 도덕가적 시각을 버리고자 했다…

…그러면서도 동맹에 관련된 문제에서는 현실에 따랐다.

절대적 안정을 추구하려는 강대국의 욕망은 나머지 국가에는 절대적 불안정을 의미합니다.

소련 정권을 바꿀 수는 없습니다. 그러니 미국에 해를 끼치지 못하게만 하면 될 일이죠.

제1부 양극화된 세계

닉슨과 키신저는 미국의 상대적 약세를 인식하고 있었다. 1945년 미국은 세계 GDP의 50%를 차지했지만, 1970년에는 30% 아래로 떨어졌기 때문이다.

이러한 경제적 약화로 미국의 금-달러본위제가 폐지된다(1971년과 1973년). 이제 달러가 더는 금만큼의 가치를 갖지 못하게 된 것이다. 미국의 불안정성은 전 세계에 여파를 미친다.

소련 역시 현실적인 판단을 내린다. 러시아가 핵무기 경쟁에선 미국을 따라잡고 있었지만, 레오니트 브레즈네프는 흐루쇼프가 말한 대로 미국의 산업 생산량을 따라잡기란 불가능하다고 판단한다.

경제성장률 전망치를 수정하는 브레즈네프

이처럼 소련 지도부는 세계적 혁명을 거부하고, 그들의 입장을 공고히 하기 위해 안정성을 열망하게 된다.

정치 체제는 여전히 달랐지만, 소련과 미국은 그보다 더 중요한 관심사를 공유했다. 바로 핵전쟁을 피하는 것…

…혹은 제3세계에서 갈등이 악화해 직접적인 대립으로 발전하는 사태를 피하는 것 말이다.

미국과 소련은 이데올로기적 경쟁자였다. 데탕트는 이데올로기와 관련해서는 아무것도 바꾸지 못했다.

핵의 시대에 둘은 공존할 수밖에 없었다. 말로는 아무런 변화도 꾀할 수 없었다.

이제 국제관계는 한쪽이 얻으면 다른 한쪽은 필연적으로 잃는 제로섬 게임이 아니었다.

서로 협력해서 둘 다 얻거나 혹은 둘 다 잃거나였다…

이 상황은 누구의 마음에도 들지 않았다. 중국은 모스크바와 워싱턴의 화친을 비난한다. 중국이 보기엔 혁명적 이상을 배신하는 행위였다.

군비 통제

미국과 소련은 쿠바 미사일 위기를 계기로 핵전쟁 발발 위험을 경계하게 됐다. 이들은 다른 나라가 핵무기에 접근하지 못하도록 제한하고자 한다.

충분한 국제적 책임을 지지 않는 다른 국가에는 핵무기를 다룰 역량이 없다고 여겼다.

핵무기를 국가 안보의 주축으로 삼은 이들에게 새로운 핵무기 강국 출현은 거대한 불안정성을 초래할 위험처럼 여겨졌다.

이것이 핵확산 금지의 역설이다.

제1부 양극화된 세계

영국은 미국과의 협력 덕분에 1952년 핵무기를 보유하게 되었지만, 소련과 미국은 여전히 핵무기 확산 방지를 중요하게 여겼다.

이들은 1963년에 대기 중의 핵실험을 금지하는 조약을 맺는다. 지하 실험은 여전히 용인된다.

프랑스와 중국은 조인을 거부하고, 프랑스는 1960년, 중국은 1964년에 첫 핵실험을 강행한다.

1968년, 핵확산금지조약(NPT)이 조인된다. 핵무기를 보유한 국가들은 다른 국가가 핵무기를 보유하게 돕지 않고, 핵무기가 없는 국가들은 핵무기를 획득하지 않기로 약속한 것이다.

1967년 1월 1일 이전에 핵실험을 진행한 국가들은 핵보유국으로 인정받았다. 미국, 소련, 영국, 프랑스, 중국이 이에 속한다.

법이 불평등을 용인한 셈이었다. 핵무기를 보유한 국가는 핵무기를 보존할 수 있지만, 다른 국가는 핵무기를 가져선 안 되기 때문이다.

다른 모든 조약과 마찬가지로, 이는 조약에 서명하고자 하는 국가에만 해당하는 의무였다. 핵강대국이 되기를 원하거나 불평등한 조약을 비난하는 국가들은 조인을 거부했다.

소련과 미국은 비판을 누그러뜨리려 자신들의 핵무기를 제한하기로 타협한다. 그리고 1969년 전략무기제한협정(SALT)에 관한 협상을 시작해 핵무기 증가 상한선을 정한다.

이러한 제한을 둠으로써 군비 경쟁이 예측 가능해지고 비용도 줄어들 거라 본 것이다. 각국은 같은 수의 미사일을 보유할 수 있으며, 상대 국가의 자국 무기 감시를 수용하기로 한다.

1972년 5월 26일 모스크바에서 브레즈네프와 닉슨은 제1차 전략무기제한협정을 체결한다. 이 협정은 데탕트와 공동 통치(국제적 사안에서의 미·소 지배)의 상징이 된다.

역사적인 협정이었다. 처음으로 주요 강대국이 패전이 아닌 전략적인 이유로 자유로운 상호 합의를 통해 자발적으로 자국의 무기를 공평하게 제한하기로 했기 때문이다.

유럽공동체의 형성

1958년 정권을 잡은 드골은 미국을 불신한다. 1945년 이후 미국은 인도차이나 알제리에서 프랑스를 돕지 않았고, 수에즈운하 위기 때도 프랑스를 도외시했기 때문이다.

1959년, 드골은 먼저 미국, 영국, 프랑스의 삼두정치 체제로 NATO를 이끌자고 제안한다.

하지만 미국이 거부하자 드골은 협력 관계를 맺는 것이 불가능하겠다고 확신한다. 미국은 서구 진영을 홀로 지휘하고자 했다.

드골은 미국의 핵우산 보호에 더 이상 의존하지 않기 위해 핵무기 개발에 박차를 가한다.

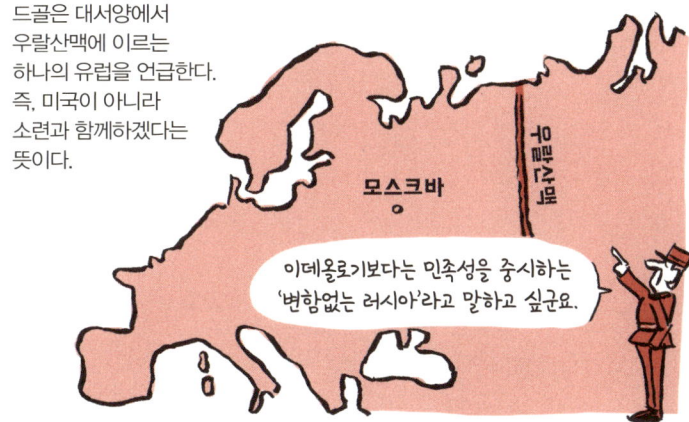

한편 동독과 서독은 어떠한 관계도 맺고 있지 않았다.
서독과 외교 관계를 맺은 국가들은 동독과 외교 관계를 맺을 수 없었고, 그 반대도 마찬가지였다.

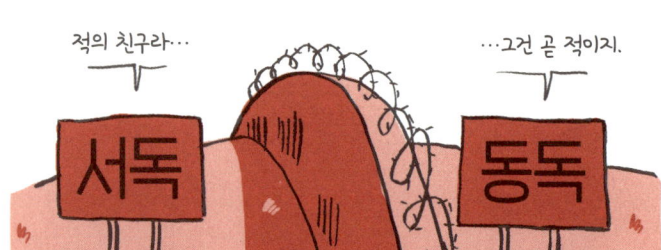

서독의 전 시장이었던 사회민주당 당수 빌리 브란트는 1969년 서독의 총리가 된다. 브란트는 오스트폴리티크(Ostpolitik), 다시 말해 동방정책을 편다.

매파(소련에 대해 강경한 노선을 주장하는 파)는 이것이 나약함의 증명이라고 비난했다.

1970년 8월, 본과 모스크바는 무력 사용을 포기하고, 유럽 모든 국가의 영토를 존중하며, 향후 영유권을 주장하지 않겠다는 조약을 맺는다.

서독은 오데르-나이세 선을 인정했다. 1945년 독일의 일부 영토를 폴란드에 할양한 일을 말한다.

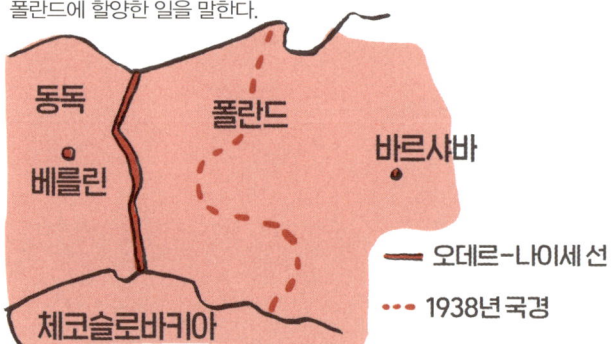

1972년, 동독과 서독은 서로를 독립 국가로 인정하면서도, 서로가 서로에 대해 외국이 아니기에 외교 관계를 맺지 않는다고 규정하는 기본 조약을 체결한다.

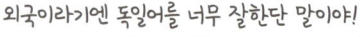

서독은 독일 전체를 대표한다는 주장을 포기하고, 1973년 두 독일은 각각 유엔에 가입한다. 이로써 서독과 동독은 서로 외교적 관계를 맺을 수 있게 된다.

제1부 양극화된 세계

제1차 세계대전 이후, 독일을 벌하려는 유럽의 의지는 복수심을 불러일으켰고, 나치가 집권하는 결과를 낳았다.

같은 실수를 되풀이하지 않고 소련이라는 문제에 맞서기 위해, 프랑스의 지도자들은 나치를 몰아낸 독일과 협력하는 길을 택한다.

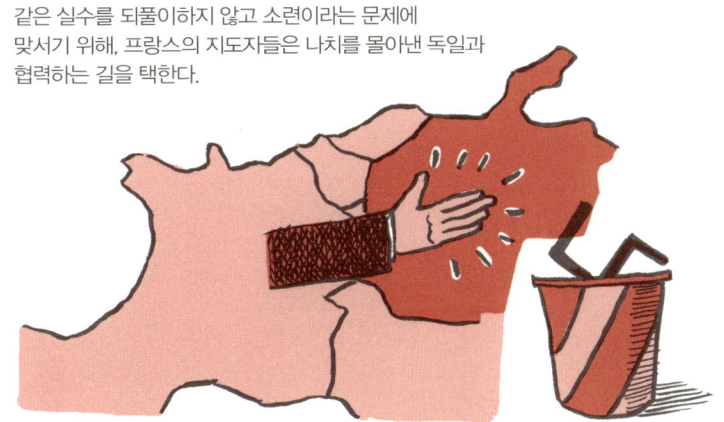

1950년 5월 9일, 프랑스 외무장관 로베르 쉬망은 장 모네와 협력하여 구체적인 실행 사안을 통해 유럽을 통일하자는 의견서를 발표한다.

1952년, 유럽석탄철강공동체(CECA)가 결성되고, 프랑스와 독일, 이탈리아, 벨기에, 네덜란드, 룩셈부르크가 참여한다.

1954년, 북대서양조약기구 회원국들은 독일의 가입과 군사 통합을 권유한다. 이로써 서독은 서구의 공동 방위에 참여할 수 있게 되었고, 군사력은 NATO의 통제 아래 놓인다.

1957년 3월 23일, 유럽경제공동체(CEE)가 창설되고, 회원국 간에 관세장벽이 철폐된다.

드골은 영국의 유럽경제공동체에 가입을 거부한다. 영국을 미국이 보낸 트로이 목마로 여긴 것이다.

유럽공동체의 형성은 역사 및 지리학적 결정론에 대한 정치적 승리였다. 예부터 대대로 적이었던 이들이 동맹이 된 것이다.

유럽은 확장된다. 1973년에는 아일랜드, 덴마크, 영국까지 가입한다.

과거 독재국가였지만 민주국가로 변모한 그리스(1981), 스페인과 포르투갈(1986) 역시 유럽공동체에 가입한다.

다시 문제화된 러시아의 동구 패권

1960년대 프라하에서 체코슬로바키아 지식인들이 공산당의 검열 조치를 비난한다. 개혁가 알렉산데르 둡체크가 1968년 초에 권좌에 오른다.

희망의 바람이 불기 시작한다. 이를 '프라하의 봄'이자 인간의 얼굴을 한 사회주의라고 부른다.

너지와 같은 결말을 맞이하고 싶지 않았던 둡체크는 사회주의에 대한 충성을 다시 한 번 강조한다.

그러나 브레즈네프는 이러한 모욕을 참을 수 없었다. 프라하에 부는 자유의 바람이 소련 정권의 매력을 더욱 떨어뜨렸기 때문이다.

1968년 8월 20일, 바르샤바조약군이 체코슬로바키아를 침공한다. 민중은 평화적으로 저항했지만 소용없었다.

체코슬로바키아 공산당은 숙청된다. 당원 50만 명이 축출되고, 수많은 교원과 공무원들이 면직된다.

제1부 양극화된 세계

이것이 '제한된 주권'을 공표한 브레즈네프 독트린이다. 개별 국가의 이익은 사회주의의 더 나은 이익을 위해 제한된다.

소련의 탄압을 바라보는 유럽의 여론은 좋지 않았고, 프랑스와 이탈리아 공산당은 심지어 이를 비난했다. 하지만 서구 국가들은 아무런 대응도 하지 않았다. 반면 헝가리 부다페스트에서는 1956년 혁명이 일어난다.

중국의 마오쩌둥은 스탈린이 장제스를 지지했던 일을 잊지 않고 있었다. 마오쩌둥은 모스크바가 이끄는 세계 공산주의 동맹에서 중국이 이인자가 된 사실을 받아들일 수 없었다.

한편 모스크바는 핵무기를 보유할 수 있게 도와달라는 중국의 요청을 거절한다. 핵무기가 중국의 전략적 자립 수단이 된다는 사실을 알고 있었기 때문이다.

1958년, 마오쩌둥은 중국 경제의 자립과 발전을 위한 대약진운동을 펼친다.

하지만 이는 대참사로 끝난다. 기근으로 3천만 명이 사망한 것이다.

흐루쇼프의 평화공존론은 중국이 소련에서 멀어지는 계기가 되었다. 중국은 소련이 세계 혁명을 포기했다고 비난했다.

중국이 계속해서 스탈린을 숭배하자, 스탈린에 반대했던 흐루쇼프는 1960년 이렇게 응수한다.

쿠바 미사일 위기 이후, 마오쩌둥은 소련이 미국 제국주의에 항복했다고 비난한다.

만화로 보는 결정적 세계사

중국은 모스크바의 수정주의와 마르크스주의 원칙 폐기를 비난한다. 1963년 두 국가의 관계는 그렇게 끊어진다.

6월 15일, 마오쩌둥은 흐루쇼프에 편지를 보낸다. 세계적인 공산주의 운동과 관련해 소련 공산당의 우위를 인정하지 않는다는 내용이었다.

유고슬라비아 해체 이후 공산주의 진영이 또다시 분열한 것이었다. 사실상 이데올로기적 말다툼은 겉치레에 불과했고, 두 국가 간 경쟁이 분열의 결정적 요인이었다.

1962년, 소련은 중국과 인도 사이에 벌어진 전쟁에서 인도를 물밑 지원한다.

그로부터 얼마 지나지 않은 1964년, 중국은 핵실험을 진행하면서 소련에 대한 전략적 자립을 획득한다.

키신저와 닉슨은 중국과 소련의 단절을 기회 삼아 미국의 전략적 우선순위였던 소련에 대한 억지를 강화한다.

미국은 소련과의 경쟁구도라는 공통된 명분 아래 중국과 가까워지기 위해 마오쩌둥의 폭압적 정권에 대해서는 눈을 감는다. 소련과 중국의 관계 악화는 1969년 우수리강 국경의 군사 대립으로 치닫는다.

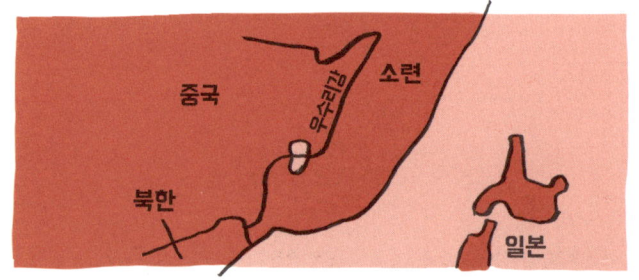

당시 중국과 미국의 관계는 공공연한 모욕과 중국 측의 전쟁 위협으로 인해 경색되어 있었다.

그러나 1971년, 미국 탁구 선수팀이 중국에 머무르고, 저우언라이 총리가 이들을 맞이한다.

제1부 양극화된 세계

키신저는 비밀리에 저우언라이를 방문해 1972년 2월 닉슨 대통령의 베이징 공식 방문을 준비한다. 이 소식을 접한 세계는 충격에 빠진다. 일본도 유럽 동맹국도 이 사실을 미리 고지받지 못한 것이다.

중국은 이 틈을 타 그때까지 대만이 차지하고 있던 유엔 안전보장이사회 상임이사국 자리를 탈환한다(미국은 대만의 안전을 계속해서 보장하기로 한다).

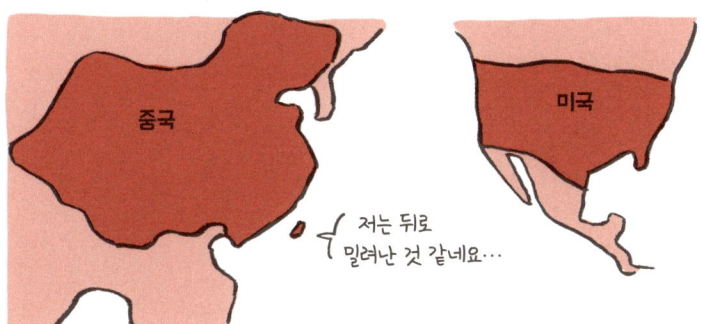

한편 러시아는 유럽과 다시 친교정책을 편다.

…이는 암묵적으로 동독에 대한 인정이기 때문이었다.

두 독일의 친교로 장애물 하나가 사라진다.

모스크바는 미국(그리고 캐나다)의 참여를 받아들인다. 미국은 북대서양조약기구 내 서유럽 회원국에 없어선 안 될 존재였다.

35개국(북대서양조약기구, 바르샤바조약기구, 혹은 중립국)이 1973년 회담에 참석한다. 각국이 국가의 이름을 내걸고 참석했고, 프랑스는 이에 만족한다.

1975년 8월 1일, 헬싱키에서 유럽 안보협력회의의 최종 의정서가 채택된다.

모스크바로서는 성공이었다. 그리고 이를 제2차 세계대전으로 얻은 영토에 대한 인정으로 여긴다.

그 대가로 서구 국가들은 사상과 국민의 자유로운 통행을 허가하는 조항을 포함시킨다.

이는 데탕트의 정점이자 극치였다. 동맹 관계와 상관없이 미국, 소련, 유럽 국가들이 모두의 안전과 갈등 극복이라는 공통의 목표에 동의한 것이다.

서구권에서 데탕트에 반대하는 국가들은 이를 속임수로 여겼다.

실제로 국경은 인정되었지만, 자유 통행이 완전히 인정된 것은 아니었다.

하지만 그로부터 몇 년 후, 바로 이 자유 통행 원칙에 기초하여 동유럽에서 일어난 분쟁이 소련을 붕괴시킨다.

군부독재 정권의 수립

쿠바에서는 피델 카스트로와 체 게바라가 쿠바혁명을 강화하기 위해 중남미 전체로 혁명을 퍼뜨려야 한다고 여기고, 미국 제국주의에 대항하는 운동을 일으키고자 한다.

제1부 양극화된 세계

모스크바에서는 이들의 행보를 모험적이라고 판단한다.

워싱턴은 이를 위험하며 용납할 수 없는 도발이라고 여긴다.

미국은 카스트로에 반대하는 중남미 정권들을 소집한다.

쿠바는 미주기구에서 축출되고, 쿠바섬에 대한 봉쇄령이 선포된다.

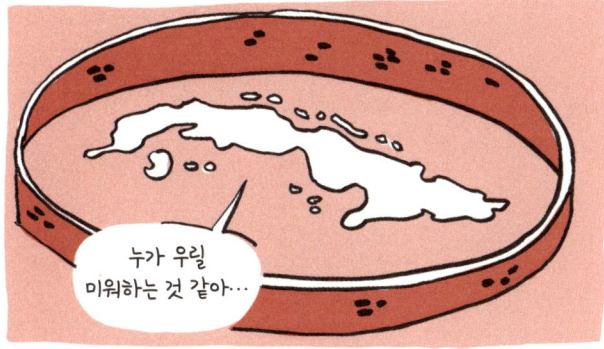

공산주의에 대한 투쟁이라는 명분 아래 미국은 민주주의 선언은 잊은 채 군사독재 정권을 지지하거나 수립하게 된다.

1963년, 미국은 아메리카군사학교를 창설한다. 게릴라전에 대항할 아메리카 대륙의 군사를 양성하는 곳으로 알려진 곳이었다.

그러나 실상은 미래의 군사독재 정권 양성소였다는 사실이 밝혀진다.

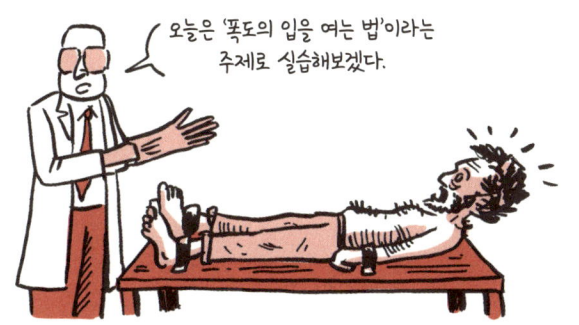

1964년, 미국의 도움으로 브라질 군사정권이 진보정권을 전복한다.

1965년, 미국은 군사 개입을 통해 생도맹그의 민족·진보정권을 무너뜨린다. 공산주의에 협력했다는 혐의였다.

1966년, 카스트로는 삼대륙회의를 개최한다. 혁명의 성공을 위해 중남미, 아시아, 아프리카의 혁명주의자들이 서로 협력해야 한다는 것이다. 그리고 그는 세계적 신화가 된다.

같은 해, 체 게바라는 쿠바에서 그랬던 것처럼 혁명의 교두보를 구축하러 볼리비아로 향한다.

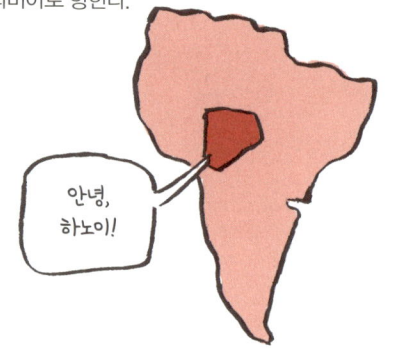

하지만 지역적 기반이 없었던 체 게바라는 미국의 지원을 받은 볼리비아 정부군에 붙잡혀 죽임을 당한다.

소련의 도움에도 불구하고, 미국의 금수조치는 쿠바 경제를 어렵게 만들었고, 정권의 탄압도 점점 더 심해진다. 정권은 과거의 낭만적 매력을 잃는다.

1970년 칠레에서는 사회당 살바도르 아옌데가 선거를 통해 집권한다. 아옌데는 쿠바 모델과 달리, 사회주의로의 이행 과정에서 민주주의적 목소리를 대변하고자 한다.

미국은 아옌데를 쿠바보다 더한 위협으로 간주한다. 민주적 방식으로 정권에 오른 데다, 미국의 지배에 문제를 제기했기 때문이다.

1973년 9월 11일, 군사 쿠데타가 일어나 아옌데 정권을 무너뜨리고, 아옌데는 스스로 목숨을 끊는다. 그 뒤를 이어 매우 억압적인 피노체트 정권이 수립된다.

제1부 양극화된 세계

1976년, 아르헨티나에서는 비델라 장군이 권좌에 오르고, 매우 억압적인 군부독재 정권을 수립한다. 정권에 반대한 사람들은 고문을 받고 암살된다.

정말 좋군. 꼭 학교 다닐 때 기억이 나…

푸슈슈

군부독재 정권은 파라과이와 우루과이에서도 수립된다.

모든 독재 정권은 유럽과 미국으로 도망친 반대파를 숙청하기 위해 서로 협력하는데, 이를 콘도르 작전이라고 부른다.

정권의 정당성을 위해, 비델라 장군은 1982년 4월 말비나스군도(영국 말로는 포클랜드)를 침략한다. 아르헨티나는 영국의 통치 아래 있던 말비나스군도에 대한 영유권을 오래전부터 주장해왔다. 사람이 거의 살지 않는 이 군도는 아르헨티나 수도에서 1천900킬로 떨어져 있지만, 런던에서는 무려 1만 2천700킬로나 떨어져 있었다…

부에노스아이레스

어이, 저 아래 좀 봐!

마거릿 대처 영국 총리는 이를 원칙의 문제로 보고, 섬을 수복하기 위해 해군을 파병한다. 아르헨티나의 모욕적 패배는 비델라 정권의 몰락을 앞당긴다.

두 국가가 전쟁에 돌입했을 때, 미국은 미주상호원조조약을 무시하고 군사적으로 영국을 지원했다. 이 사건으로 중남미 국가들은 미국이 그들을 지배하고 있지만 보호해주지는 않는다는 사실을 깨닫는다.

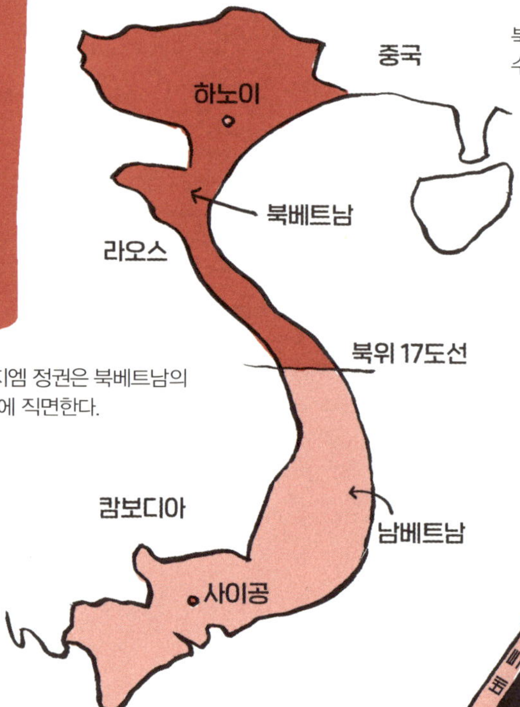

제1부 양극화된 세계

남베트남 정권은 국민의 신뢰를 얻는 데 실패한다.

국민해방전선과의 군사적 문제도 겪고 있었다.

미국은 주둔 병력을 늘렸지만 내란 진압에 실패한다. 1965년 27만 5천 명이던 미군 병력은 1969년 51만 8천 명까지 늘어난다.

미군의 터무니없이 많은 병력, 민간인에 대한 폭격, 네이팜 무기 사용은 커다란 논란을 빚는다.

미국은 더 이상 자유의 수호자가 아닌, 독립을 위해 투쟁하는 용감하고 가엾은 민족을 탄압하는 제국주의 국가로 여겨진다.

또 비인간적인 전쟁을 벌이고, 그런 전쟁에서조차 승리하지 못하는 무능한 국가로까지 인식되었다.

소련은 이 틈을 타 미국 제국주의에 맞서 제3세계 국민의 권리를 수호하는 역할을 자처한다.

미국 내에서 전쟁에 대한 여론이 악화되고, 수많은 시위가 벌어진다.

청년 대다수는 끝날 기미도 없고 점점 부도덕해져만 가는 전쟁에 파병되어 먼 타국에서 목숨을 잃기를 거부한다.

전쟁은 경제적으로도 끔찍한 비용을 초래했다. 하루에 5천만 달러가 날아가는 셈이었다.

1969년 권력을 잡은 닉슨과 키신저는 공산주의에 적대적이었지만, 전략 및 경제적으로 비싼 비용이 드는 데다 위신까지 깎아먹는 베트남이라는 진창에서 벗어나야 할 필요성을 인식한다.

전쟁은 5만 6천277명의 미군 사망자와 2천211명의 미군 실종자를 낳고 허무하게 끝났다. 미국은 심각한 정신적 위기에 빠진다.

미국인들은 시작부터 별다른 전략적 이익도 가져다주지 못하면서, 동서 간 대립을 상징하게 된 전쟁의 함정에 빠져버린다.

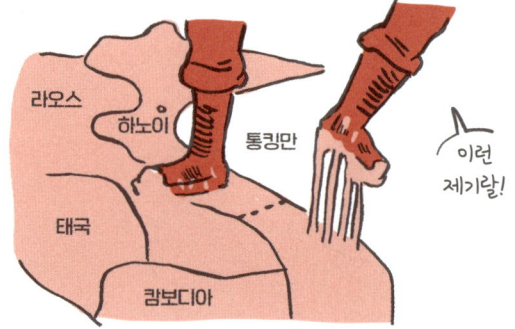

결국 이들은 협상에 착수한다. 1973년 1월 파리에서 키신저와 북베트남의 지도자 레득토 사이에 평화조약이 체결된다.

'베트남 증후군'에 타격을 입은 미국인들은 이후 외국에 대한 군사적 개입을 주저하게 된다.

미군 철수 이후, 부패하고 무능한 남베트남 정권은 그리 오래가지 못했다.

1975년 4월, 북베트남은 파리 평화조약을 위반하고 남베트남을 침공한다. 1976년 수도 사이공이 함락되어 호찌민시가 된다.

공산당 정권은 매우 억압적인 독재 정권을 수립하고, 농촌 인구를 이주시키고, 강제노동수용소를 만든다. 수많은 국민이 배를 타고 베트남을 떠난다. 이들을 '보트피플'이라고 부른다.

제1부 양극화된 세계

1975년 12월, 공산주의자들이 라오스 왕국을 무너뜨리고 권력을 잡는다. 이들은 1977년 소련과 협정을 맺는다.

이웃 국가인 캄보디아에서는 중국에 지나치게 호의적이라 판단된 노로돔 시아누크 왕이 왕위를 박탈당하고, 1970년 친미 성향의 론 놀 장군이 권력을 잡는다. 시아누크 왕은 캄푸치아 공산당 크메르루주와 동맹을 맺는다. 미국의 베트남전 패전을 계기로 크메르루주는 캄보디아를 탈환하고 1975년 4월 17일 수도 프놈펜에 입성한다.

론 놀 / 시아누크 / 크메르루주

시아누크가 1976년에 밀려나자 크메르루주는 전체주의 정권을 수립한 뒤, 교육을 제한하고, 국민을 강제 이주시키고, 강제노동수용소를 도입한다.

크메르루주는 캄보디아인을 가혹하게 탄압하고 170만 명을 학살한다. 전 국민의 20%에 달하는 수였다.

친중 성향이던 크메르루주는 소련과 베트남에 적대적이었다. 이런 이유로 미국은 캄보디아가 유엔 내에서 지위를 보존하는 것을 승인한다.

1978년, 베트남의 군사 작전으로 크메르루주의 집권이 종식되고, 캄보디아는 1989년까지 베트남의 세력권에 속하게 된다.

1979년 2월, 소련과 베트남의 관계를 우려한 중국은 베트남을 공격한다.

하지만 준비가 덜 된 데다 장비도 제대로 갖추지 못했던 중국은 참패하고 만다.

한편 인도와 파키스탄에서는… 건국 이래 갈등이 끊이지 않았다. 독립 당시 벌어졌던 제1차 인도-파키스탄 전쟁 이후, 1965년에 제2차 전쟁이 또다시 일어난다.

동·서 파키스탄은 인도에 의해 서로 1천700킬로나 떨어지게 된다. 인종 구성은 달랐지만 이슬람교에 대한 공통된 믿음이 두 지역을 하나로 묶어주었다.

인구가 과밀했던 동파키스탄은 스스로 불리한 조건에 처했으며 서파키스탄에 착취당하고 있다고 여겨 자치권을 요구한다. 나아가 1971년 3월에는 분리 독립까지 주장한다.

제1부 양극화된 세계

내전이 발발하고, 지금의 방글라데시인 동파키스탄에는 전례 없는 기근이 닥친다.

소련과 우호 및 협력 조약을 맺은 직후, 인도는 내전을 종식하기 위해 군사적으로 개입한다.

파키스탄은 방글라데시의 분리 독립을 인정할 수밖에 없게 된다.

인도는 지역 내 강대국으로서 입지를 다진다. 1974년에는 '평화적'이라 규정된 핵실험까지 진행한다.

근동: 6일 전쟁과 욤 키푸르 전쟁

1956년의 전쟁 이후, 유엔의 평화유지군 '블루 헬멧'이 시나이반도의 이스라엘-이집트 국경 지대에 파병되었다. 그러나 두 국가 사이에 긴장감이 팽배해지자, 가멜 압델 나세르 이집트 대통령은 1967년 블루 헬멧의 철수를 요구한다.

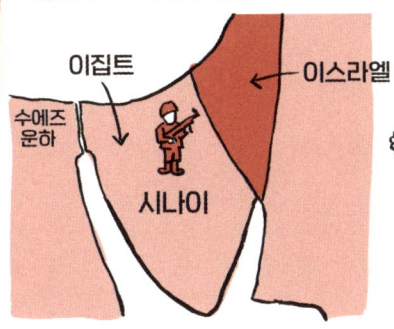

이스라엘은 이라크와 요르단의 손을 잡은 이집트와 시리아가 자국을 둘러싼 것에 대해 강한 두려움을 표출한다.

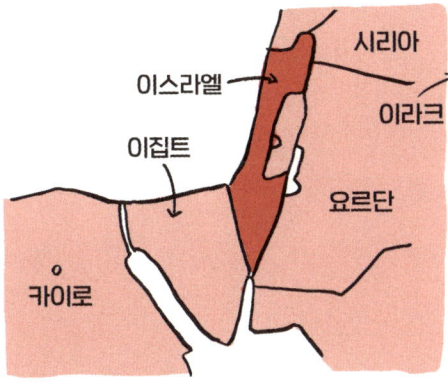

1967년 6월 5일, 이스라엘은 '예방을 위한' 전격전을 일으키며 아랍연합군을 깜짝 놀라게 한다. 이것이 바로 6일 전쟁이다.

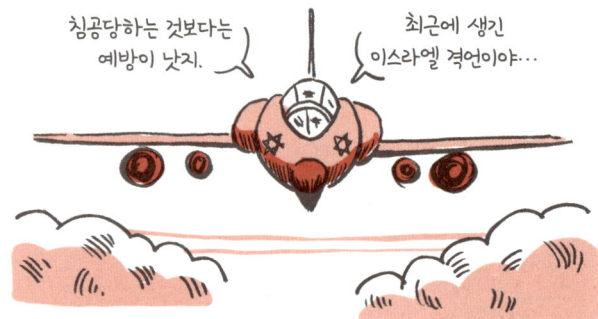

단 몇 시간 만에 이집트, 시리아, 요르단 전투기들이 파괴된다. 공중 보호막이 사라진 이상, 육군 역시 참패할 수밖에 없었다.

이스라엘은 이집트로부터 시나이반도와 가자지구, 요르단으로부터 서안지구와 동예루살렘, 시리아로부터 골란고원을 점령하면서, 영토를 4배로 불린다.

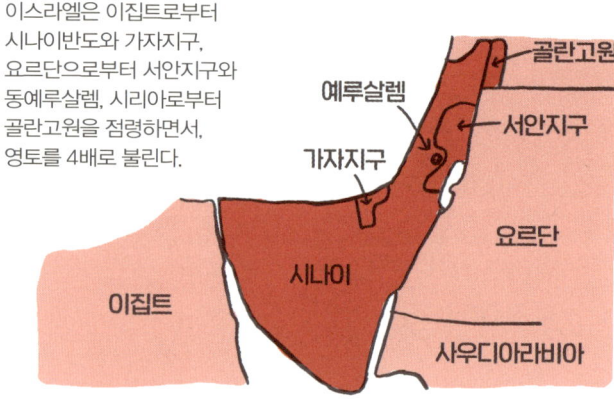

유엔 안보리는 6월 7일, 10일부로 종전을 발효할 것을 요구한다.

인근 아랍 국가들로서는 철저한 모욕이었다. 프랑스는 이들에게 접근한다.

드골은 프랑스와 이스라엘 간의 전략적 동맹을 깨트리고, 이스라엘에 대한 무기 금수조치를 선포한다.

이스라엘은 점령한 영토에 대해 억압, 탄압, 축출을 행하지 않을 수 없고…

…만약 저항이 있을 시 이를 테러로 간주한다.

제1부 양극화된 세계

1967년 11월, 유엔 안보리는 결의안 제242호를 채택한다.

1967년 9월 1일, 수단의 하르툼에 모인 아랍 국가들은 3중 반대를 표명한다…

1973년 10월 6일, 이집트와 시리아는 유대 명절인 욤 키푸르와 라마단 기간을 지내고 있던 시나이반도 및 골란고원 내 이스라엘 군대를 공격하면서, 이른바 욤 키푸르 전쟁을 일으킨다.

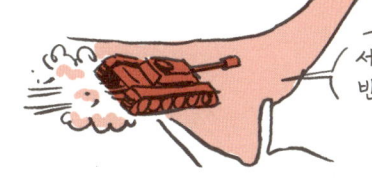

자국의 우세를 과신하던 이스라엘 군대는 깜짝 놀라 전쟁에서 패배하고 퇴각한다.

아랍 국가들은 6일 전쟁의 수모를 되갚으며 상징적인 승리를 거둔다.

하지만 전열을 가다듬은 이스라엘군은 미군의 대대적 지원을 받고 아랍연합군을 물리친다.

이스라엘은 핵공격을 예고하고, 소련과 미국은 참사를 막기 위해 뭉친다. 10월 23일 휴전이 선포된다.

영토는 현상 유지를 하는 것으로 결론이 났지만, 이스라엘 군대의 불패신화에 의구심이 싹텄다. 아랍 국가들은 이로써 1967년의 수치를 씻을 수 있었다.

이집트는 시나이반도를 탈환하는 데 있어 소련이 도움을 줄 수 없음을 깨닫는다. 나세르의 뒤를 이어 대통령이 된 안와르 사다트는 미국과 친화를 꾀한다.

1977년 11월, 사다트는 예루살렘을 깜짝 방문해, 시나이반도를 돌려주는 조건으로 평화를 제안한다. 아랍 국가 수장이 이스라엘을 방문한 최초의 일이었다.

1978년 9월, 카터 미국 대통령의 주도 아래 캠프 데이비드 협정이 조인된다.

아랍 국가들은 '단독' 평화협정을 맺고 아랍 국가들의 연대를 깨트린 이집트를 비난한다.

이집트는 아랍연맹에서 제명되고, 연맹의 근거지 또한 카이로에서 튀니스로 이전된다.

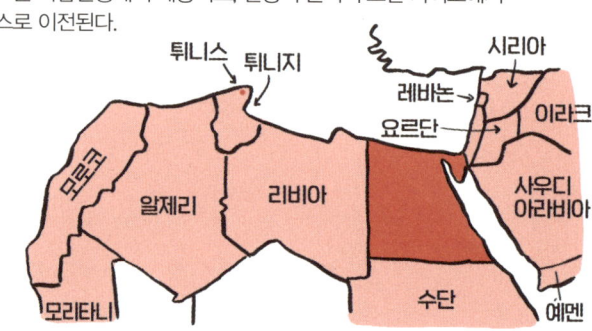

한편 미국은 근동에서 중심적 역할을 확립한다.

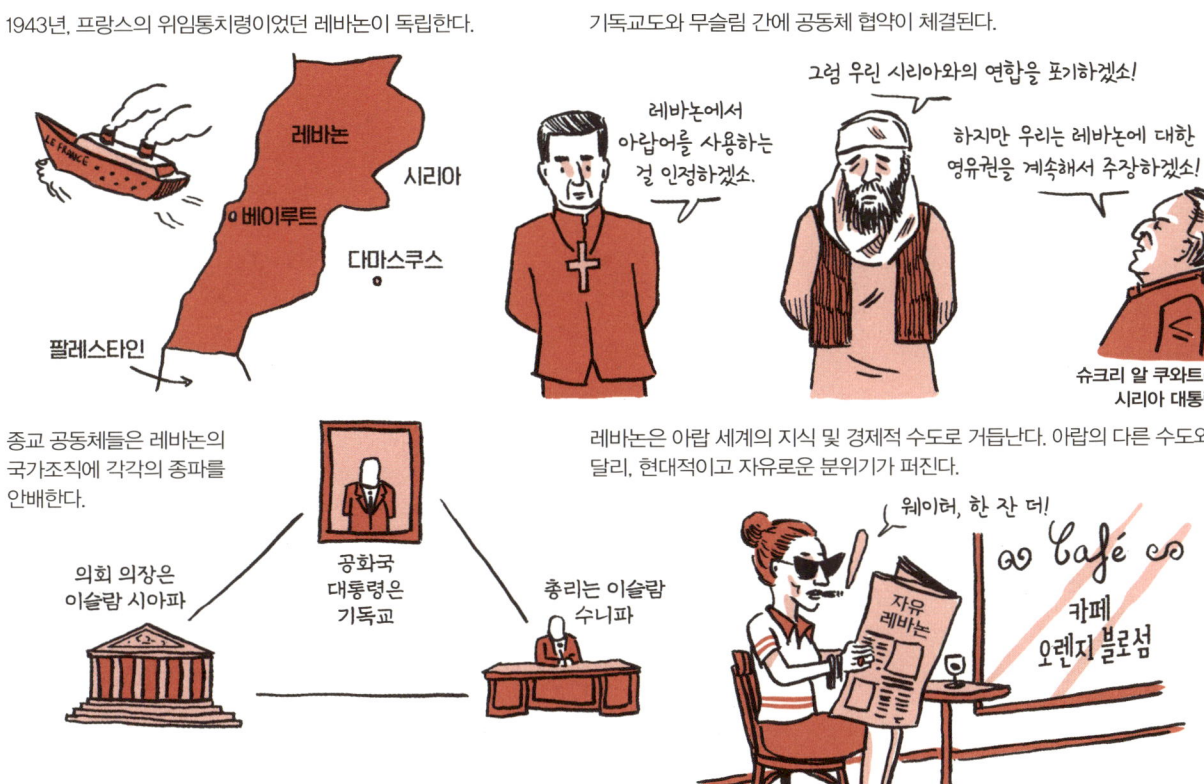

1977년, 기독교 공동체는 레바논 내에 주둔해 있던 시리아의 지원을 요청하고, 아랍 국가들로부터 승인을 받는다.

한편, 이스라엘은 레바논 남부를 점령하고 계속해서 공격 범위를 넓혀나간다.

1982년, 이스라엘은 레바논 내 팔레스타인인들의 이스라엘 기습을 종결시키기 위해 '갈릴리 평화 작전'을 펼친다.

하지만 작전은 레바논 남부에만 국한되지 않았고, 이스라엘 군대는 팔레스타인해방기구(PLO)를 전멸하기 위해 베이루트까지 진격한다.

팔레스타인 민병대와 야세르 아라파트 팔레스타인 대통령은 국제적 보호 아래 튀니스로 탈출한다.

보호막을 잃고 남겨진 사브라와 샤틸라의 팔레스타인 난민 캠프는 레바논의 기독교 팔랑헤 민병대에 의해 포위되었고 민간인들이 학살당한다.

이를 방관한 이스라엘군에 항의하는 운동이 이스라엘을 비롯한 전 세계에서 대대적으로 일어나고…

…'지금의 평화'를 뜻하는 '피스 나우(Peace Now)'를 외친다.

아리엘 샤론 이스라엘 국방부 장관은 사태에 대한 책임을 지고 사임한다.

새롭게 등장한 이란이슬람공화국은 이를 기회로 삼아 레바논의 시아파를 지원한다. 그렇게 헤즈볼라 운동이 탄생한다.

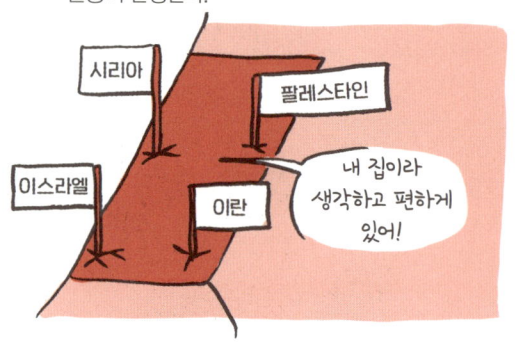

제1부 양극화된 세계

소련 국경에서 500킬로 떨어진 아프가니스탄은 냉전 갈등 속에서 중립을 유지하고자 했다.

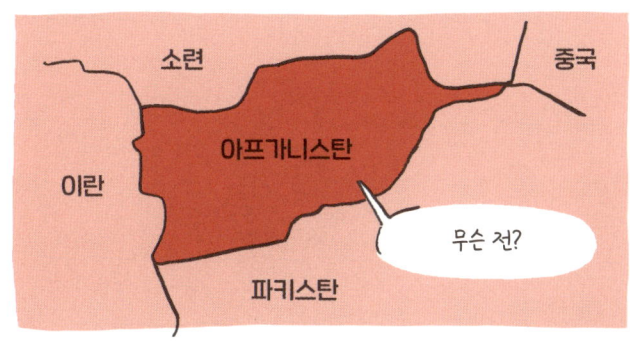

하지만 1978년, 공산당이 쿠데타를 일으키면서 권력을 쥔다.

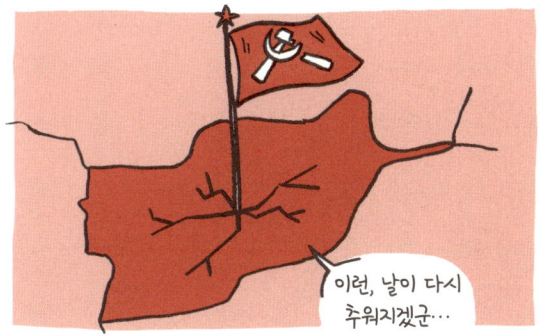

카불의 지식층에 뿌리내리고 있던 공산당은 농촌 지역에서 평판이 좋지 못했고, 전통적 무슬림 공동체의 강한 반발에 부딪힌다.

공산당이 강행하려 한 개혁은 저항 세력이 무기를 들고 일어서게 만든다.

모스크바는 소련의 무슬림 국가들로 저항운동이 퍼져나갈 것을 우려한다.

1979년 12월 24일, 소련군 낙하산부대 5천 명이 카불 공항을 점거한다. 모스크바는 아프간 공산당 내 중도파를 권좌에 앉힌다.

서구 국가들은 근심에 빠진다. 붉은 군대가 바르샤바조약기구 외부 지역을 처음으로 침공한 것이다.

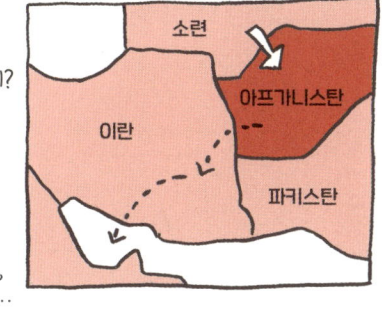

지금까지 전략적인 측면에서 뒷전으로 밀려나 있던 아프가니스탄이 동서 대립의 쟁점 국가로 떠오른다.

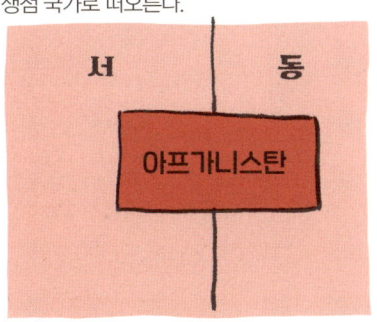

1980년 1월 14일, 유엔총회는 104표 대 18표로 소련의 침공을 규탄하는 결의안을 채택한다.

미국 제국주의에 맞서 제3세계 국가들의 동맹으로 여겨지던 소련의 신뢰는 크게 손상된다.

소련의 제국주의적 행동에 이슬람 국가들이 가장 분노한다.

서구 국가들은 이 침공을 데탕트의 종식으로 여긴다.

미국은 이를 기회 삼아 소련을 곤란하게 만들고자, 1980년 소련올림픽 보이콧을 선언한다.

또한 최근 지미 카터와 레오니드 브레즈네프 사이에 체결된 제2차 전략무기제한협정(SALT II) 비준도 거부한다.

미국은 파키스탄을 통해 아프간의 무자헤딘을 지원하기 시작한다. 무자헤딘의 급진주의적 성향에 대해서는 크게 우려하지 않는다.

소련은 수많은 병력(1980년에 5만 명, 1981년에 12만 명)과 대규모 폭격으로도 저항군을 무찌르지 못한다.

아프가니스탄의 험준한 지형과 외부 지원은 소련군에 수렁과 다름없었다.

전쟁은 1만 4천 명의 소련군 희생자와 100만 명 이상의 아프간 희생자를 낳았다. 아프간 국민 400만 명이 나라를 탈출했다.

소련으로서는 저개발된 작은 국가를 군사적으로 무찌르는 데 성공하지 못한 꼴이었다.

제1부 양극화된 세계

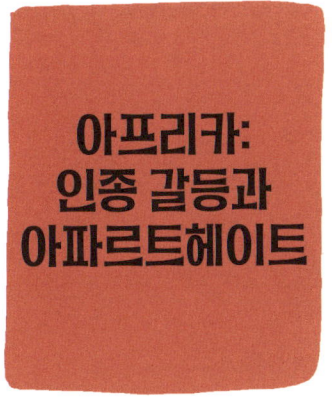

아프리카: 인종 갈등과 아파르트헤이트

1967년과 1970년 사이, 나이지리아는 끔찍한 내전과 극심한 기근으로 괴로워한다.

나이지리아는 석유 매장량이 풍부한 영어권 국가이다.

기독교를 믿는 이그보족은 나이지리아를 통치하던 북부 무슬림의 정치 및 경제적 지배를 견디지 못했다.

이그보족은 자신들이 대다수를 차지할뿐더러 석유 매장량이 집중되어 있는 비아프라 지역의 분리 독립을 요구한다.

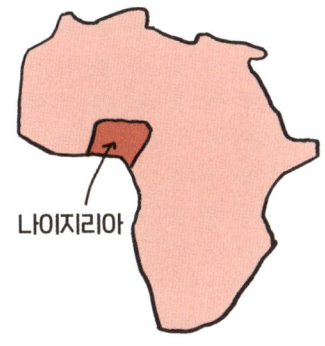
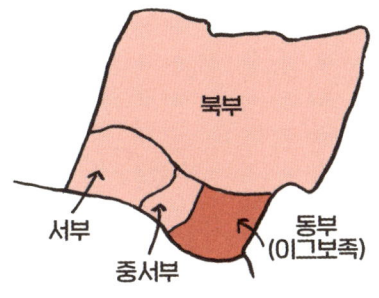
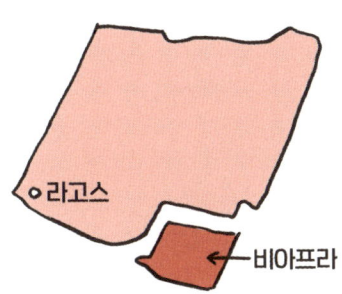

비아프라의 분리 독립은 국제사회에서 인정되지 않는다. 유엔에서는 과거 식민지 열강에 의해 격발된 분리 독립 운동이 새롭게 독립한 국가들을 약화하지는 않을까 두려워한다.

그중 프랑스는 잠재적 신흥 국가에서 자국의 기반을 다질 수 있기를 희망하며 비아프라의 분리 독립을 지지한다.

"분리 독립은 아주 나쁜 생각이오!" — 가나

"거기다 위험하지!" — 알제리

"우리가 중요시하는 것은 민족 자결권입니다... ...그리고 그들이 우리에게 석유를 팔 권리도요."

나이지리아는 이 지역에 금수조치를 선포한다. 이로 인해 끔찍한 기근이 발생한다. 텔레비전을 통해 전 세계로 송출된 이그보족의 상황은 전 세계인을 충격에 빠트린다.

1970년 비아프라가 굴복한다. 전투와 기근으로 인한 사망자는 200만 명으로 추산된다.

이에 따라 국경없는의사회가 창설된다. 프랑스의 지원을 받은 최초의 대규모 인도주의 활동이었다.

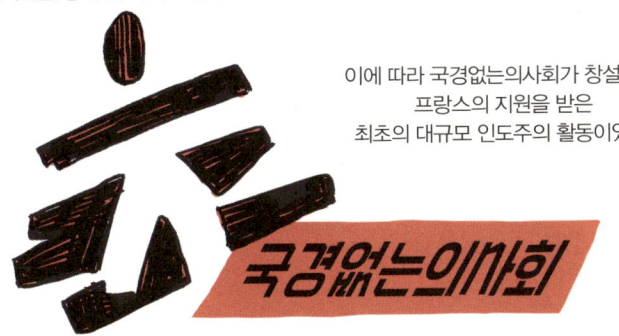
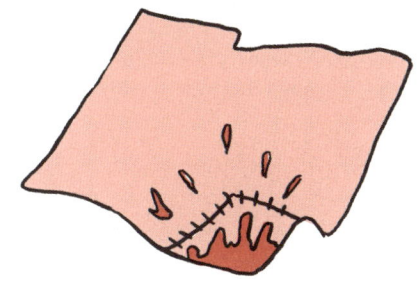

만화로 보는 결정적 세계사

영어권 국가인 남아프리카공화국은 1948년 '분리 발전'을 뜻하는 아파르트헤이트 정책을 수립한다. 이는 1910년 독립 이래 계속해서 존재해온 인종 분리 정책을 더욱 심화시킨다.

인구 대다수를 차지한 흑인은 모든 정치적 권리를 박탈당하고, 심지어 경제적으로도 차별받는다.

1912년 창설된 아프리카국민회의(ANC)는 1961년 소련의 지원을 받아 저항군을 조직한다.

남아프리카공화국의 백인 계층과 그들의 서구 동맹국은 아프리카국민회의의 활동을 테러로 규정한다.

아프리카국민회의의 지도자였던 넬슨 만델라가 1964년 투옥된다.

서구 국가들은 아파르트헤이트 정책의 인종차별적 측면을 외면한다. 남아프리카공화국은 인도양으로의 주요한 전략적 입지를 점하고 있었고, 천연자원이 풍부했기 때문이다.

영국 식민지 남로디지아에도 아파르트헤이트 정책이 존재했다. 소수의 백인 계층은 이 정책을 유지하고자 1965년 일방적으로 독립을 요구한다.

아프리카 남부에서는 로디지아와 남아프리카공화국의 인종차별주의 정권과 모잠비크, 앙골라, 기니, 카보베르데를 소유한 포르투갈 식민주의 독재 정권 사이에 끈끈한 연대가 존재했다.

또한 남아프리카공화국은 과거 독일의 식민지였던 나미비아 역시 점령하고 있었다. 1966년 이래로 위임통치권이 철회되었지만 말이다.

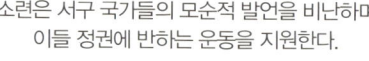

소련은 서구 국가들의 모순적 발언을 비난하며 이들 정권에 반하는 운동을 지원한다.

제1부 양극화된 세계

데탕트의 종결

아메리카의 출정 때부터, 소련에 대해 강경한 노선을 취하는 매파는 데탕트에 반대해왔다. 데탕트가 아닌, 객관적인 사실에 의한 미국의 상대적 약화가 매파의 입지를 더욱 강화한다.

베트남전쟁은 미국을 약화했다. 달러의 금태환성이 종식되면서 국제통화로서 달러의 역할에 문제가 제기되었다.

1971년 12월과 1973년 2월, 달러 가치가 하락하며 독일의 마르크화와 일본의 엔화가 평가 절상된다. 미국은 예전의 경쟁력을 되찾고자 했지만, 그러한 바람은 인플레이션을 조장하고 새로운 경제 위기를 불러온다.

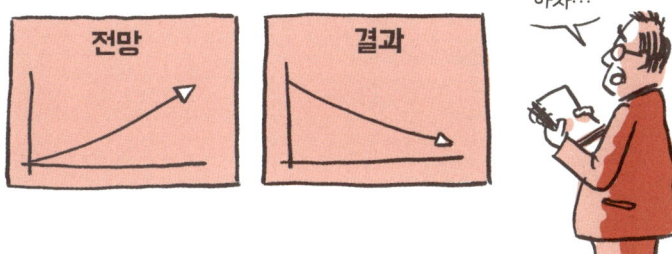

유럽과 일본은 미국 덕분에 경제를 발전시켰고, 무역 경쟁국으로 성장한다.

욤 키푸르 전쟁 이후, 아랍의 석유 수출국들은 이스라엘을 지원한 서구 국가에 항의하기 위해 원유 가격을 4배로 인상한다. 배럴당 원유 가격은 3달러에서 12달러로 상승한다.

값싼 에너지는 서구 국가가 경제적으로 성장할 수 있는 요인이었다.

갑작스러운 원유 가격 상승은 영광의 30년과 1945년 이후 주요 선진국들의 경제적 도약에 종지부를 찍는다.

만화로 보는 결정적 세계사

1972년 리처드 닉슨은 손쉽게 재선에 성공한다.

하지만 선거운동 중에 민주당 본부가 도청당한 사실이 드러난다.

이 워터게이트 사건으로 닉슨은 1974년 8월 8일 사임한다.

베트남전쟁이 남긴 트라우마에 도덕적 파탄이라는 새로운 충격이 더해진다.

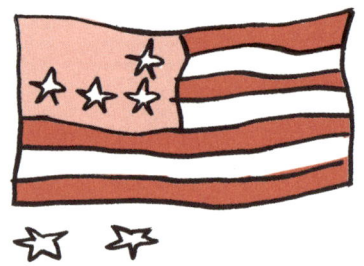

1975년, 북베트남 공산주의자들은 1973년의 평화조약을 조롱하며 남베트남을 공격한다. 그해 4월, 북베트남은 미국이 버리고 떠난 사이공을 함락한다. 마지막까지 남은 군사들은 대사관에서 헬리콥터를 타고 탈출함으로써 가까스로 국기를 사수한다.

미국에는 더없는 수치였다.

도덕적 파탄으로 미국 국민이 충격에 빠져 있을 때, 무명의 독실한 민주당 후보 지미 카터가 등장해 도덕적 가치를 주제로 선거운동을 펼치고 1976년 당선된다.

카터는 키신저에 반대했던 폴란드 출신 대학교수인 즈비그뉴 브레진스키를 국무장관으로 지명한다.

그의 정치적 행보를 두고 모스크바에서는 데탕트에 또다시 문제를 제기한다.

또한 미국은 앞서 수립되었던 중남미의 군부독재 정권과 거리를 둔다.

제1부 양극화된 세계

1977년, 카터는 미국이 보유하고 있는 수로를 1999년에 파나마에 이전하겠다는 내용을 담은 조약을 마르틴 토리호스 파나마 대통령과 체결한다.

1979년, 미국은 소모사 독재 정권을 무너뜨린 산디니스타 국민해방전선(FSLN)의 게릴라군이 니카라과의 권좌에 오르는 것을 반대하지 않았다.

1975년, 아프리카에서는 아주 오랫동안 지연되었던 포르투갈 탈식민지화가 진행된다. 앙골라와 모잠비크는 소련에 우호적인 탈식민지화 운동의 수중에 떨어진다.

남로디지아에서는 아파르트헤이트 정책을 수립한 소수의 백인 계층이 국제적 제재를 받게 된다. 남로디지아는 1980년 짐바브웨라는 이름으로 공식적으로 독립하고, 친소 흑인 지도자 로버트 무가베가 정권을 잡아 2017년까지 집권한다.

아프리카에서 가장 커다란 국가인 에티오피아는 1973년 10만 명의 사망자를 낳은 대기근과 에리트레아의 독립 전쟁을 겪는다. 하일레 셀라시에 1세는 1974년 군사정권에 의해 폐위되고, 군사정권은 소련에 지원을 요청한다. 하일레 셀라시에 1세는 에티오피아의 마지막 '왕 중의 왕'이 된다.

앙골라에서는 친서구권 게릴라 세력이 새로운 정권에 반기를 든다. 쿠바는 공산당을 지지하는 앙골라 정부를 지원하기 위해 군사를 보내고, 미국은 이를 도발로 받아들인다. 쿠바는 또다시 혁명을 전파하려던 게 아니냐는 비난을 받는다.

제2부

평화로운 신세계 질서를 향해?

1979년, 페르시아만 내 미국의 주요 우방국이자 매우 억압적인 이란의 모하마드 레자 샤 팔레비 정권이 휘청거린다.

정권에 반기를 든 쪽은 자유주의자들이었지만, 그들을 이끈 사람은 시아파 보수주의 종교인이자 당시 프랑스에 망명 중이던 아야톨라* 호메이니였다.

*시아파에서 고위 성직자에게 수여하는 칭호

결국 혁명은 승리로 끝나고 1979년 샤 정권은 무너진다. 카터 미국 대통령은 개입하지 않았다.

이슬람 대학생들은 미국이 샤의 복귀를 추진하려 한다며 테헤란의 미국 대사관을 습격한다.

50명 이상의 미국 외교관 및 민간인이 인질로 잡힌다. 모든 외교적 협정에 반하는 것이자, 미국으로서는 또 하나의 모욕이었다.

카터는 이들을 구출하기 위해 군사를 파병하지만, 미군 헬기들이 사고를 당한다.

결국 카터의 시도는 실패로 돌아가고, 미국 외교관들의 운명은 대선 캠페인의 배경지로 이용된다.

소련의 세력은 전 세계로 확장된 반면 미국은 약해졌다는 생각이 전반적으로 자리 잡는다. 매파는 이를 데탕트 탓으로 돌린다.

이들은 소련에 대해 더욱 공격적인 정책을 펼칠 것을 요구한다.

카터는 미국의 군수 계획을 재개하지만, 그가 지나치게 타협적이라는 인상을 바꾸지는 못한다.

제2부 평화로운 신세계 질서를 향해?

캘리포니아의 주지사 로널드 레이건은 이러한 여론을 기회로 삼아, 무력을 통한 평화를 주장하고 카터의 나약함을 비난하며 1980년 대선 캠페인을 벌인다.

내 6연발 '비둘기'를 소개하지…

소련은 그들이 먼저 공격하지 않았다고 생각한다.

우린 단지 제3세계에서 서방 세력이 했던 실수를 이용했을 뿐이오.

거기다 소련은 미국에 주요 동맹국 이집트를 빼앗겼다.

쏘오오오오오오리!

미국은 인권 문제가 대외정책의 중점에 있다고 주장하면서 우리 소련에 대한 이데올로기 전쟁을 재개하고 있죠.

우리는 경제적인 성과의 부재에 실망했습니다.

미국과의 교역에 발전은 없었습니다.

소련 경제는 군사적 지출과 국제적 약속으로 인한 부담으로 휘청거리기 시작한다.

미국은 소련이 통상에서 특혜 조건(최혜국 조항)을 누리도록 해줄 수도 있었다.

보잉 한 대를 사면 엄청난 혜택이!

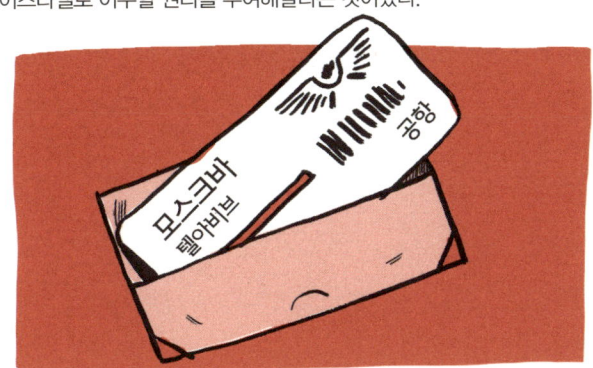

하지만 미국이 제시한 혜택은 조건부였다. 소련 내 유대인에게 이스라엘로 이주할 권리를 부여해달라는 것이었다.

모스크바로서는 유대인이든 아니든 소련 시민이 영토를 자유롭게 벗어나게 내버려두는 건 결코 생각조차 할 수 없는 일이었다.

겸사겸사 자유선거도 하자고 하지 왜?!

데탕트는 말 그대로 갈등의 완화일 뿐, 화합이 될 수 없었다.

두 강대국 모두 자국은 데탕트로부터 충분한 이득을 보지 못했고, 상대국은 훨씬 이득을 보았다고 생각했다.

미국과 소련은 파트너인 동시에 적이었다.

서로에 대한 경쟁심이 협동심보다 강했다.

제2부 평화로운 신세계 질서를 향해?

1980년부터 소련의 힘은 맹위를 떨친다. 서방 국가들 눈에 소련은 중대한 전략적 위험처럼 여겨진다.

데탕트가 끝나고 새로운 냉전의 시대가 시작되었다고 말할 정도였다.

1981년 10월, 레이건 대통령은 유럽에서의 제한전쟁 가능성(유연반응전략)을 언급하며 여론을 불안하게 한다.

서구 민주주의는 결국 지고 말 것인가?

장-프랑수아 르벨 철학자

1983년 3월, 레이건은 복음주의자들의 집회에서 소련을 '악의 제국'이라고 지칭한다.

3월 23일, 레이건은 조지 루카스 감독의 영화를 본떠 '스타워즈'라는 이름을 붙인 전략방위구상을 출범한다.

소련의 핵무기가 미국 영토에 다다르는 것을 막는 요격 미사일을 우주 공간에 배치하겠다는 계획이었다.

그러나 레이건의 방위체계는 억지력과 군비축소(SALT 1)에 문제를 제기하게 한다.

유럽인들은 불안에 떨면서도 동맹인 미국에 반대할 엄두를 내지 못했다.

미테랑 프랑스 대통령은 레이건의 방위체계가 제공하는 안보는 허울뿐이라며 비난한다.

실제로 소련이라는 초강대국은 토대가 튼튼하지 못한 거대한 동상과 같았다.

비대해진 군사력이 근본적 나약함을 가리고 있었던 것이다.

공산주의는 더 이상 사람들에게 매력적으로 여겨지지 않았다. 소련의 강제노동수용소, 체코슬로바키아와 아프가니스탄 사태 개입, 탄압과 배급, 박탈로 점철된 시민들의 일상이 조명되면서 평판은 땅에 떨어졌다.

공산주의 정권에서 살아가는 시민들에겐 자유가 없었고 소비자들은 불만에 가득 찼다.

어떤 농담에 따르면, 소련은 적대적인 공산주의 국가들에 둘러싸인 유일한 국가였다.

소련은 중국과 잠재적 갈등을 빚는 중이었으며, 강제력 없이는 동유럽 공산주의 정권을 유지할 수 없었다.

제3세계(쿠바, 베트남, 에티오피아)에 소련군이 주둔한 것도 값비싼 경제적 원조의 대가였다. 소련이라는 제국주의 세력은 자신의 제국을 유지하기 위해 아무런 이익 없이 값을 지렀다.

소련이 제3세계 국가에 제안한 개발 모델은 그들의 경제를 성장시키지 못하는 것으로 드러났다.

아프가니스탄에 개입함으로써, 소련은 서구 신식민주의적 제국주의에 대항하는 제3세계 국가들의 동반자라는 입지를 잃게 된다.

제2부 평화로운 신세계 질서를 향해?

완전한 안보를 위해 소련은 다른 국가에 두려움을 심어주었는데, 모스크바에 돌아온 건 포위되었다는 느낌과 불안감이었다.

SS-20은 유럽 내의 목표 지점에만 도달할 수 있었고, 마치 유럽과 미국의 안보를 서로 떨어뜨려놓는 수단처럼 여겨진다.

프랑수아 미테랑 프랑스 대통령은 세력 균형을 맞추기 위해 이에 찬성한다. 소련의 미사일은 이미 배치되었으나 미국의 미사일은 아직 배치되지 않았기 때문이다.

1983년 9월 1일, 소련 전투기가 소련 영공을 침범한 대한항공 여객기를 격추해 승객 269명이 사망한다.

1977년부터 소련은 SS-20이라는 새로운 중거리 핵미사일을 유럽에 배치한다.

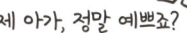

유럽 미사일 위기로 세계에는 다시 긴장감이 싹튼다. 유럽에 배치된 핵미사일에 대한 대응으로, NATO는 그에 상응하는 미국의 핵미사일을 유럽에 배치하기로 결정한다. 이는 평화주의자들의 시위를 불러일으킨다.

평소 미국의 리더십을 반대해온 프랑스지만, 유럽을 분열시키려는 소련의 시도에 대항해 서구의 연대를 표명할 필요가 있었다.

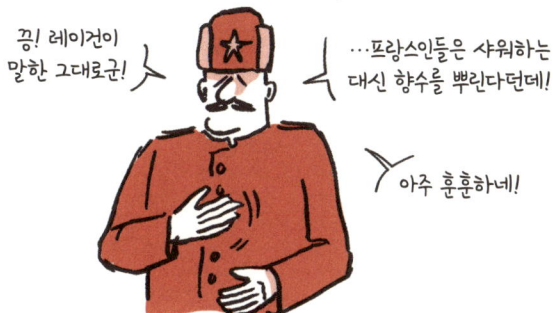

실수였을까? 공작이었을까? 그게 무엇이었든 세계는 곧장 충격에 빠진다.

혼자서는 거동할 수 없던 노환의 레오니드 브레즈네프는 정권을 홀로 이끌어나가기에는 힘든 허약한 늙은이로 여겨졌다.

1982년 11월에 브레즈네프가 사망한다. 유리 안드로포프가 그의 뒤를 잇지만 집권한 지 13개월 만에 그 역시 사망하고, 또 다른 병든 늙은이인 콘스탄틴 체르넨코로 대체된다.

소련의 지도자는 늙고 허약하다는 이미지가 절정에 달한다.

73세에 재선에 도전한 레이건도 예외가 아니었다.

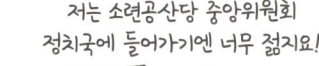

폴란드에서 가톨릭교회의 막강한 힘은 시민사회가 공산당의 통제에서 벗어날 토대를 마련해주었다.

지식인들은 헬싱키 협정을 참고해 1980년 여름, 식료품 가격 상승에 항의하는 노동자방어위원회(KOR)를 창설한다.

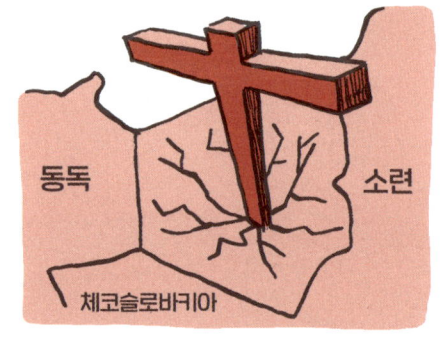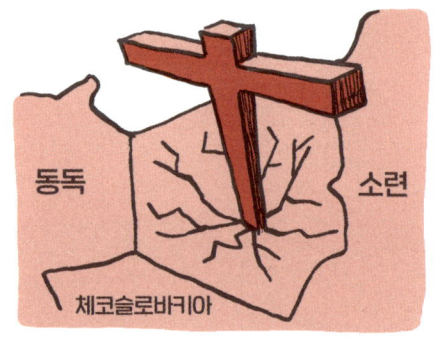

노동자들은 폴란드의 그단스크 조선소에서 파업을 벌인다. 소련의 위성국에서 일어난 최초의 집단 파업이었다.

무명의 전기기술자 레흐 바웬사가 시위대의 대변인이 된다. 정부는 협상할 수밖에 없었다. 8월 31일, 언론의 자유를 보장하며, 독립자치노동조합 '솔리다르노시치'를 인정하는 그단스크 협정이 체결된다.

제2부 평화로운 신세계 질서를 향해?

서구 국가들이 주의 깊게 지켜보는 가운데 민중봉기가 확산하고, 소련은 동유럽으로의 봉기 확장을 우려한다.

폴란드의 연합노동자당(PC)을 이끌던 보이치에흐 야루젤스키 장군은 1981년 12월 31일 계엄령을 선포한다. 솔리다르노시치 노조활동이 금지되고, 6천 명이 수감된다.

야루젤스키는 소련의 개입을 막기 위해 '자발적 정상화'를 꾀하지만, 독립 혹은 동유럽 국가로서 고유의 길을 모색하려는 의지는 억압되고 만다.

카를 마르크스는 자본주의가 자체 모순으로 인해 스스로 무너지리라 예측했다. 하지만 정작 자신들의 미래를 위태롭게 만든 건 바로 소련의 모순점이었다.

소련은 군사 분야에서 미국과 대등한 싸움을 벌이고 있었지만 경제와 사회적 선호도, 국제적 위상, 연구 등 다른 분야에서는 훨씬 뒤처져 있었다.

소련의 기술적 낙후는 군사력에도 영향을 줄 수 있었다.

1950년대와 1960년대에 걸쳐 괄목할 만한 성장을 이룬 소련의 경제는 한때 미국을 따라잡을 수 있다는 희망을 주었지만, 곧 침체기에 접어든다.

소련 경제는 지나치게 관료적인 계획경제, 중공업에 편중된 구조, 소비자들의 요구에 일일이 대응하지 못하는 무능으로 어려움을 겪고 있었다.

계획경제란 생산자들이 아닌, 중앙 당국이 생산 목표를 정하는 체계를 말한다.

소련은 비료나 시멘트 생산량에서는 미국보다 앞서나갔으나, 소련 국민의 삶은 낙후되었고 농업 생산량은 불충분했다.

경작지의 4%를 점유한 민간 소유주들이 국가 수확량의 25%를 생산했다.

20세기 초반 러시아는 세계에서 곡식을 가장 많이 수출하는 국가 중 하나였지만, 1970년대 이후 소련은 매년 수천만 톤의 옥수수와 밀을 수입해야 했다.

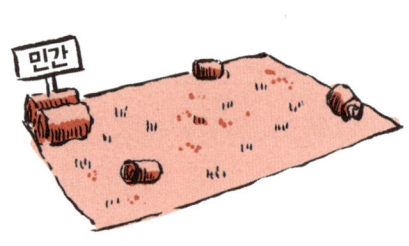

농업은 소련에서 투자의 30%와 노동력의 20%를 차지했지만, 생산성이 7배 더 높은 미국에서는 투자의 5%와 노동력의 3%만 차지했다.

소련과학아카데미(반대론자들을 위한 피난처가 아닌)는 소련의 알코올중독자 수를 4천만 명으로 추산했다.

1952년 국민 1인당 5리터였던 보드카 연간 소비량이 1980년에는 30리터까지 상승한다.

기대수명은 1970년 67세에서 1980년 62세로 줄어든다. 산업국가 가운데 기대수명이 줄어든 유일한 국가였다.

1984년, 고스플란(국가계획위원회)은 모스크바의 세계경제연구소에 2000년까지의 소련 발전 전망 연구를 의뢰했는데, 그 결과는 참혹했다.

제2부 평화로운 신세계 질서를 향해?

1988년 영국의 경제지 《이코노미스트》는 "소련은 로켓을 가진 오트볼타*가 될 운명"이라고 썼다.

*부르키나파소의 옛 이름

개혁주의자들은 변화의 필요성을 인식하고 있었다. 그들의 지도자인 미하일 고르바초프가 1985년 3월 권력을 손에 넣었다.

생산량을 늘리기 위해서는 국민이 스스로 참여한다는 기분을 느껴야 했다.

소련은 미국만큼 많은 탄도미사일을 가지고 있었지만, 국민 1인당 자가용이나 전화기의 보유 대수로 본다면 세계 103위와 88위에 머물렀다.

고르바초프는 54세에 소련의 지도자가 된다. 전임들과는 달리 그는 젊고, 언론 및 대중과 능숙하게 소통했으며, 자유롭게 표현하고, 서구 사회의 호기심과 공감을 빠르게 이끌어냈다.

고르바초프의 개혁

*닌텐도에서 1985년 발매한 가정용 게임기

브레즈네프는 음울하고 반발적인 인물로 여겨졌지만, 고르바초프는 개방적이고 현대적이라는 이미지를 주었고 혁신적인 리더처럼 행동했다.

고르바초프는 지구 전체의 파괴라는 위험 앞에, 동서 간 대립을 종결해야 한다는 인식을 발전시켜나간다.

소련 국민의 호응과 서구의 믿음을 얻기 위해 그는 '페레스트로이카'와 '글라스노스트' 정책을 출범한다.

1986년 4월 26일, 우크라이나 체르노빌 원자력발전소 폭발 사고는 그에게 깊은 인상을 남긴다.

고르바초프 이전에는 국가에 재난이 닥쳐도 그 사실이 정권에 누를 끼치지 못하도록 철저히 검열되었다.

고르바초프는 선의를 증명하기 위해 투명성을 부각하고, 인류에게 닥친 위험을 강조한다.

1986년 12월, 고르바초프는 수소폭탄을 발명한 소련의 핵물리학자 안드레이 사하로프를 석방한다. 고르키시에서 가택연금 중이던 그는 억압받는 반체제파의 상징이었다.

고르바초프는 사하로프를 비롯한 수많은 정치범을 석방하고, 검열당한 작품의 출간을 허용하고, 언론에 더 많은 자유를 부여했다.

전 세계가 고르바초프에게 열광한다. '고르비 마니아'라는 신조어가 생길 정도였다. 그는 서구권뿐만 아니라 동구권에서도 환영받았다.

이제 소련은 무력으로 통제하려 하지 않았다. 1987년 4월, 체코슬로바키아를 방문한 고르바초프는 각 가정이 고유한 주거공간을 가지는 공동주택 개념을 주장한다.

제2부 평화로운 신세계 질서를 향해?

1987년, 고르바초프의 저서 《페레스트로이카》가 미국에서 먼저 출간된다. 대화 의지의 표명이었다.

핵전쟁 위협과 기후 변화 위기에 맞서 싸우기 위해 다양한 정권이 서로 협력할 것을 권고하는 바이다.

마거릿 대처와 로널드 레이건 같은 반공산주의 지도자들조차 이에 매료된다.

한편, 프랑수아 미테랑 대통령과 헬무트 콜 총리는 이를 세계의 전략적 상황을 바꿀 역사적 기회로 보았다.

1987년, 고르바초프의 고문인 게오르기 아르바토프는 변화를 이렇게 요약한다.

1987년 12월, 유로전략미사일 조약*이 체결된다. 이 범주에 속하는 모든 무기는 무기고에서 제외되고, 이로써 유럽을 둘러싼 미사일 각축전이 끝이 난다.

게다가 1986년 2월, 고르바초프는 1988년 5월부터 시작해 이듬해 끝낼 아프가니스탄 파병군 철수를 선언한다. 이것 역시 또 하나의 심각한 갈등을 사라지게 했다.

*중거리 지상 발사 미사일 폐기 조약

1988년 11월, 매파 중에서도 가장 강경파에 속하는 마거릿 대처 독일 총리가 냉전 종식을 선언한다.

1988년 12월 유엔 연단에 선 고르바초프는 선택의 자유가 모든 민중에게 보편적으로 주어져야 한다고 말한다.

에두아르드 셰바르드나제 소련 외무부 장관

1989년 3월, 고르바초프는 단일 후보 선거 종결과 비밀투표 원칙을 받아들였다. 이 조치는 소련 공산당의 고위 중진 및 러시아 특권층을 지도층에서 몰아낸다.

보리스 옐친은 이를 기회로 그늘에서 벗어나 국회의원으로 당선된다.

1989년 7월, 바르샤바조약기구는 모든 민족에게는 자신에게 알맞은 사회, 정치, 경제체제를 선택할 권리가 있다고 인정한다.

이제 브레즈네프 독트린이 끝나고, 소련의 동유럽 침략이라는 망령은 영영 사라지게 된다.

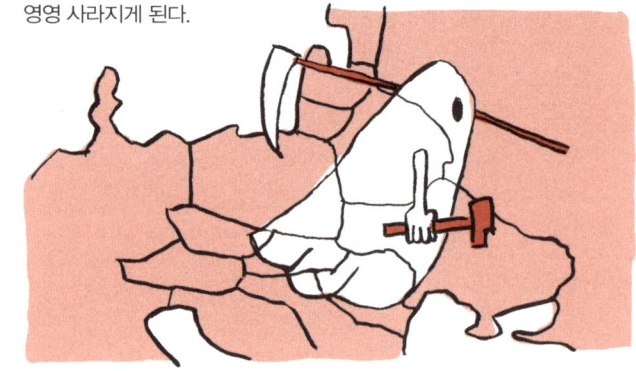

소련 외무부 장관 대변인은 1989년 12월에 열린 몰타 회담에서 브레즈네프 독트린을 대체할 시나트라 독트린(가수 프랭크 시나트라의 이름을 땀)을 제시한다.

이제 각국은 모스크바가 강요하는 단 하나의 선택지가 아니라 자신만의 길을 골라갈 수 있었다.

1990년 8월 2일, 이라크는 쿠웨이트를 침공한다. 유엔 회원국이 다른 국가에 온전히 병합된 것은 1945년 이후 처음이었다.

이라크는 소련의 동맹국이었지만, 모스크바는 8월 4일 이라크의 행보를 비난한다. 동맹보다 국제적 규범을 우선시한 것이다.

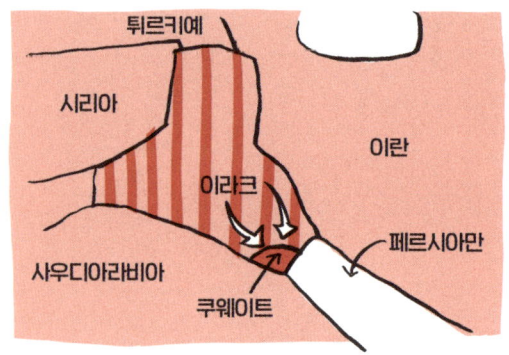

제2부 평화로운 신세계 질서를 향해?

8월 6일, 유엔 안보리는 소련과 협상을 통해 이라크에 국제적 금수조치를 선포한다(결의안 661호).

1990년 11월, 유엔 안보리는 쿠웨이트에서 이라크군의 철수를 요구하는 결의안 제678호를 표결한다. 이에 응하지 않을 시 모든 방편을 동원해 제재를 가하기로 한다.

소련은 이 결의안에 찬성했다. 안보리에서 초강대국이 동맹국을 보호하기 위해 거부권을 행사하지 않은 건 처음이었다.

이후 발발한 걸프전쟁은 안보리가 유엔헌장 7장에 따라 적법하게 군사력을 동원한 유일한 사례가 된다.

고르바초프의 대변인 안드레이 사하로프는 훗날 이렇게 분석한다…

실패한 페레스트로이카

중앙집권적이며 관료주의적 계획체제로 인한 경제 위기는 바르샤바조약기구 회원국들에 족쇄를 채웠다.

경제적 실패에 정치적 실패까지 더해졌다.

이들 정부는 정치적으로 비효율적인 데다 해외 권력에 예속되어 있다고 여겨졌고, 국민의 눈에는 충분한 정당성을 확립하지 못한 것처럼 보였다.

반면 소련은 이들을 지배하면서도 별다른 이익을 얻지 못했다. 이들을 지배하에 두려고 에너지 자원을 비롯한 천연자원을 국제 시장가에 훨씬 못 미치는 가격으로 팔아주었다.

소련이 바르샤바조약기구에 속한 국가들을 강제로 통제하는 건…

…개별 국가의 발전과 현대화를 가로막는 일입니다!

고르바초프의 개방정책은 동구권 국가에서 매우 인기가 좋았지만, 동독과 체코슬로바키아 같은 나라의 보수 지도자들 눈에는 위협으로 보였다.

폴란드에서 국민의 반발은 여전히 거셌다. 1981년 이후 폴란드 국민 80만 명이 나라를 떠났고, 경제성장률 또한 바닥을 쳤다.

인기가 없었던 보이치에흐 야루젤스키 대통령은 고르바초프를 따라 변화할 필요성을 인식한다.

1986년, 야루젤스키는 정치범을 석방하고 정치 및 경제 개혁에 대한 국민투표를 제안한다.

1945년 이래로 소련이 지배하는 국가에서 자유 및 공개 선거가 치러진 것은 처음이었다.

반대표가 압도적으로 나오고, 야루젤스키는 자신의 패배를 인정할 수밖에 없었다.

제2부 평화로운 신세계 질서를 향해?

레흐 바웬사와 솔리다르노시치는 야루젤스키와 협상한다.

솔리다르노시치는 정당으로 성장하고, 1989년 6월 총선에서 승리한다. 동구권 국가에서 공산당 출신이 아닌 인사가 승리한 것은 처음이었다.

타데우시 마조비에츠키
1989년부터 1991년까지 폴란드 총리

모스크바는 개입하지 않았고, 폴란드인들이 자유롭게 결정하도록 내버려두었다.

체코슬로바키아에서는 1989년 11월 16일부터 12월 29일까지, 이른바 '벨벳혁명'이 일어난다. 헬싱키 협정 이후 탄생한 77헌장 출신의 과거 반체제 인사들이 권력을 잡는다.

반체제 인사였던 바츨라프 하벨이 대통령에 당선된다.

불가리아에서는 공산당이 과거에서 탈피하고 1989년 12월 총선에서 승리한다.

19세기, 러시아 덕에 오스만제국으로부터 독립한 불가리아는 바르샤바조약기구 회원국 중에서 가장 러시아에 우호적이었다.

루마니아에서는 혁명이 일어나 독재자 니콜라에 차우셰스쿠를 몰아낸다. 차우셰스쿠는 체포되어 사형당한다.

차우셰스쿠의 빈자리는 공산주의 개혁가들이 차지한다.

6개월이 채 안 되는 기간에 절대로 무너지지도 변하지도 않을 듯 보였던 정권들이 몰락한 것이다.

독일의 재통일

1989년 3월, 헝가리는 난민을 본국으로 송환하는 것을 금지하는 난민 지위에 관한 유엔 협약에 조인한다.

1989년 5월, 헝가리는 오스트리아와 맞닿은 국경을 구분하는 철의 장막을 해체하기 시작한다.

당시 동독인들은 자유롭게 헝가리를 오갈 수 있었다. 이들은 헝가리를 통해 오스트리아로 이동한 뒤 서독으로 향했다.

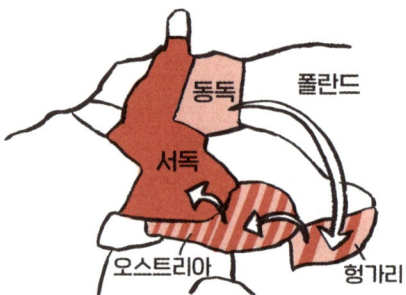

헝가리는 공산주의 국가 간 연대에 관한 국제규범을 들어, 이들의 통행을 금지해달라는 동독의 요구를 거부한다.

동독 정권은 가장 억압이 심했고 가장 인기가 없었다.

동방정책 덕분에 동독인들은 경제적 풍요보다는 자유의 측면에서 서독인들과 자신들의 처지를 비교할 수 있었다.

동독은 1989년 10월부터 헝가리 방면 국경을 폐쇄하기로 한다.

월요일마다 정권에 반대하는 수십만 명이 시위를 벌인다.

1989년 10월 7일, 고르바초프는 동독 정권 수립 40주년 기념식에 참석한다.

제2부 평화로운 신세계 질서를 향해?

동독의 최고 권력자 에리히 호네커는 고르바초프에게 군중 반란을 진압할 사격 명령을 내려달라고 요구한다.

더는 억압적 정책에 의지할 수 없게 된 동독은 모든 신뢰를 잃는다.

1989년 11월 9일에서 10일로 넘어가는 밤, 민중의 압박에 못 이긴 동독은 장벽의 문을 열어 동독인들이 반대편으로 이동할 수 있게 허용한다. 개방이 일회성으로 끝날 것을 우려한 동독인 수만 명이 빠져나간다.

1989년 11월 29일, 헬무트 콜 총리는 독일연방의회에서 세 단계에 걸친 독일 재통일 계획안을 발표한다.

두 번째로 동독 및 서독인들은 독일연방을 창설하여 공동위원회를 조직한다.

동독과 서독은 각자 종래의 대외 및 자주국방 정책을 유지할 수 있다.

1989년 12월 9일, 스트라스부르에서 열린 유럽이사회에서 유럽 12개국은 독일의 재통일에 찬성했고, 이를 유럽 통합의 관점에 포함시킨다.

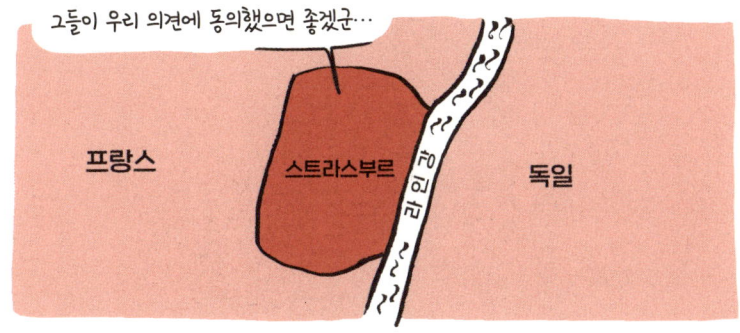

1990년 1월 30일, 고르바초프는 독일의 재통일을 암묵적으로 인정하고, 자신이 더는 영향력을 행사할 수 없음을 깨닫는다.

2월, 한스 모드로는 본을 방문한다. 매일 동독을 떠나는 국민의 수가 2천 명에 달했다.

경제적 원조 요구는 거절된다.

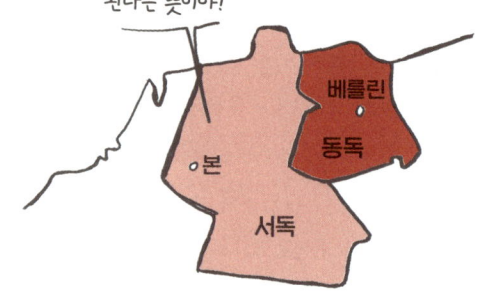

프랑수아 미테랑 프랑스 대통령과 외무부 장관 롤랑 뒤마는 독일의 재통일이 유럽 통합의 일환이어야 한다고 주장한다.

3월, 동독에서 치러진 총선에서 기독교민주연합이 의석 과반수를 차지한다. 두 달 전만 해도 존재하지도 않았던 이 정당은 빠른 통일을 공약으로 내세웠다.

재통일 조약이 8월 31일 베를린에서 조인된다. 조약은 동독을 5개 주로 나눠 서독에 편입하는 것을 골자로 하며, 서독이 체결한 모든 조약을 포함해 서독의 법을 동독이 받아들이는 것으로 정한다.

1990년 9월 12일, 서독과 동독, 소련, 미국, 영국, 프랑스에 의해 모스크바 조약, 이른바 4+2 조약이 체결된다.

매파는 공산당과 타협한 동방정책과 헬싱키 협정을 비난했지만, 바로 그것들이 통일을 가져다주었다.

제2부 평화로운 신세계 질서를 향해?

소련의 내부 분열

고르바초프가 도입한 개혁은 기대한 경제적 성과를 내지 못했다. 자유화는 부차적 혼란만 가져왔다. 뒤늦은 인프라와 신기술 도입도 격차를 빠르게 좁혀주지 못했다.

반면, 국민에게 주어진 자유는 풍속 문란을 불러왔고, 소비재 부족 및 부의 불평등 현상을 자유롭게 거론하게 하면서 정권의 정당성을 해쳤다.

발트 3국(에스토니아, 라트비아, 리투아니아)과 조지아, 아르메니아, 몰도바는 1991년 3월부터 독립 의지를 표명한다.

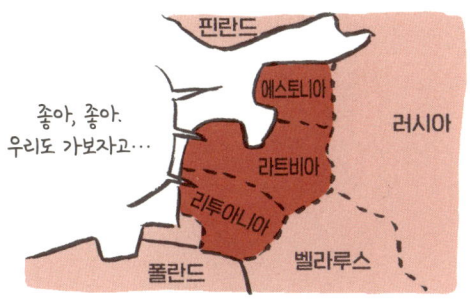

고르바초프는 충격요법을 원하는 자유주의와 아무런 변화도 원치 않고 서구권의 일방적인 선물을 비난하기만 하는 보수주의 사이에서 고민한다.

그는 페레스트로이카의 성공을 위해 서구 국가들에 경제적 원조를 요청한다.

과거 소련이 위협적이었을 때, 소련으로부터 자국을 보호하기 위해 큰 비용을 들인 서구 국가들은 소련의 민주주의 전환에 투자하기를 망설인다. 더는 공포심을 주지 않는 소련에 신경 쓸 필요가 없어진 것이다.

1991년 7월, 주요 7개국(G7) 정상회담에서 두 진영이 대립한다.

헬무트 콜과 프랑수아 미테랑(프랑스)

조지 H. W. 부시(미국), 조지 메이저(영국), 가이후 도시키(일본)

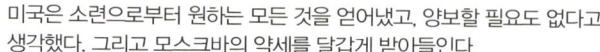

제2부 평화로운 신세계 질서를 향해?

고르바초프는 왜 소비에트연방을 유지하는 데 실패했을까?
그는 권력을 보전하기 위해 무력을 사용하길 원하지 않았다.
중국과 달리, 경제를 발전시키지 않고 국가를 자유화했다.
이미 힘에 부친 체제였기에 재건하기에는 때가 늦었던 걸까?

6년 9개월 만에 고르바초프는 정치 지도자로서는 예외적으로 세상을 긍정적으로 변화시켰다. 서구 국가들을 과도하게 신뢰하지 않으면서도 평화적인 방식으로 냉전을 종식했다. 미국은 새로운 질서를 수립하기보다는 냉전의 승리자가 되길 원했다.

"당신 앞에 있는 이 사람은 상상할 수 있는 가장 거대한 권력을 한때나마 손에 쥐었던 사람입니다. 막대한 군사력, 살인적인 경찰기구와 통제력, 그리고 이 모든 것을 아우르는 국가를 통솔했죠."*

"세상 그 어떤 독재자도 이와 같은 힘을 가져본 적은 없습니다. 그러나 저는 이 모든 것을 무너뜨리기 시작했습니다."*

시장경제에서 계획경제로 이행하는 것은 그리 어렵지 않다. 생선이 담긴 수조를 끓이면 생선탕이 되는 것처럼 말이다.

…어려운 것은 그 반대로의 이행이었다. 생선탕을 수조로 바꾸는 것 말이다.

*1992년 10월 15일 발표된 인터뷰

새로운 세계 질서를 향해?

사담 후세인은 이라크가 모든 아랍 국가를 대표해 이란과 전쟁(1980~1988)을 벌였다고 생각했다. 이로 인해 국가 경제가 약화한 이라크는 이웃 국가들에 보상을 요구한다.

쿠웨이트는 이라크의 국고를 채워주기 위해 원유 생산량을 줄여 유가 상승을 꾀하자는 계획을 거부한다.

1932년 영국으로부터 독립한 이라크는 1938년부터 쿠웨이트의 영유권을 주장해왔다. 쿠웨이트는 1961년에 영국으로부터 독립한다.

1990년 8월 2일, 이라크의 탱크 수백여 대가 국경을 넘어 쿠웨이트를 침공한다. 이라크의 침공은 걸프전의 서막을 알린다.

8월 4일 이후 국제사회는 입을 모아 이라크를 비난한다. 미국은 쿠웨이트를 해방하기 위한 사우디아라비아 영토 내 미군 파병에 대해 동의를 얻어낸다. 전운이 짙어지고, 냉전 종식으로 낙관주의가 팽배했던 국제사회는 혼란에 휩싸인다.

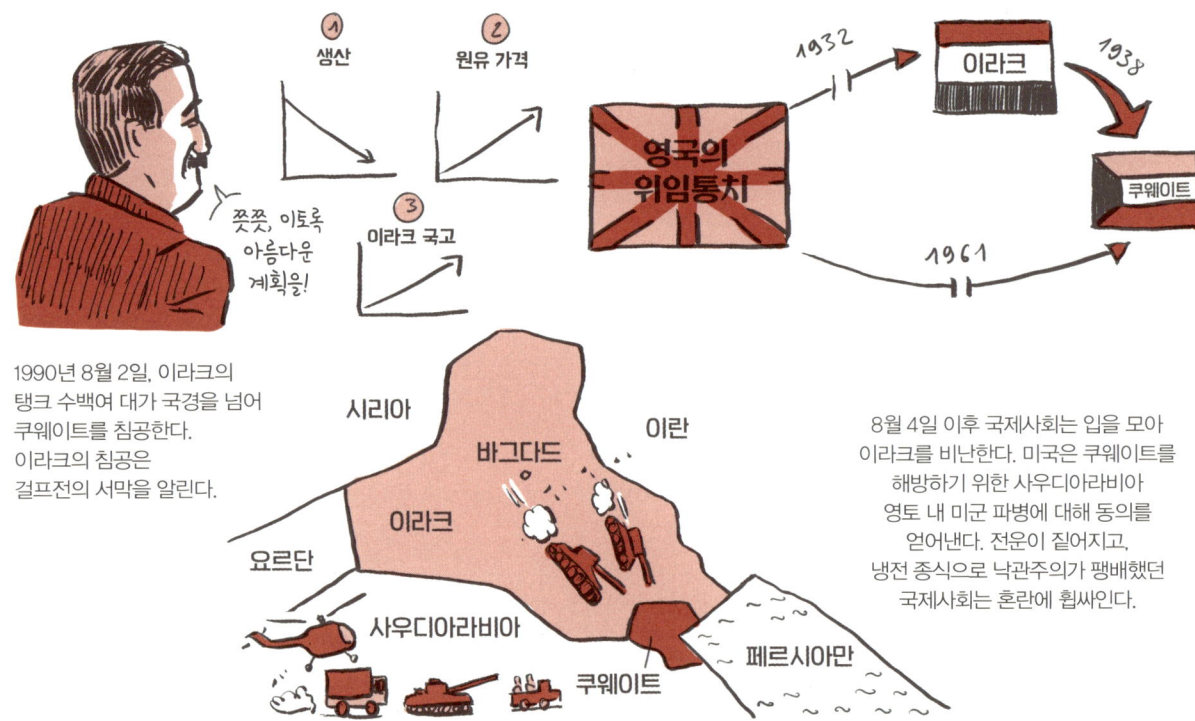

사담 후세인은 쿠웨이트 합병과 이스라엘의 팔레스타인 점령을 저울질한다. 그리고 성전을 호소한다.

후세인의 주장은 미국에 의해 설정된 국제적 동맹에 아랍 국가들이 합류하는 것을 막기에는 역부족이었다.

제2부 평화로운 신세계 질서를 향해?

이들의 동맹은 1990년 11월 29일 유엔 안보리 결의안 제678호를 통해 이루어진다.

유엔 안보리는 1991년 1월 15일 이전에 이라크가 쿠웨이트 영토에서 벗어나지 않을 시 '필요한 모든 수단'을 동원할 것을 허용한다.

소련은 이 결의안에 찬성표를 던졌다. 소련이 처음으로 유엔 안보리 평화헌장이 정하는 대로 행동한 것이다.

1월 16일, '사막의 폭풍' 작전이 시작된다. 프랑스를 비롯한 29개국과 미국인 40만 명을 포함해 총 70만 명이 참여한다. 독일과 일본은 빠진다.

쿠웨이트와 사우디아라비아를 비롯한 이들은 군사 작전에 필요한 대부분의 재정적 지원을 도맡았다. 미국으로서는 손해 보는 장사가 아니었다.

대규모 공습이 이라크의 방위체계를 파괴한다. 이라크는 이스라엘과 사우디아라비아에 미사일을 발사해 반격한다. 심리적 효과는 컸지만 군사적 효과는 미미했다.

3월 2일, 이라크는 휴전 협상을 받아들이고 쿠웨이트에서 철수한다.

미국은 결의안을 준수해 사담 후세인을 무너뜨리러 바그다드까지 진격하지는 않기로 한다.

이번 전쟁은 미국이 전쟁에 참여한 다른 국가에 외교적, 군사적, 기술적 우위를 보여줄 기회였다.

무정부상태에 놓인 소말리아는 경쟁적인 민병대 간의 전투로 혼란했다. 폭력 사태와 식품을 비롯한 물자 부족으로 희생된 것은 국민이었다.

유엔은 협상을 통해 해결점을 찾고자 한다.

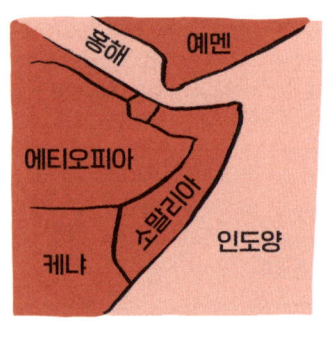

조지 H. W. 부시 대통령은 미국이 석유가 아닌 도의적 이유로 걸프전에 개입했음을 세계에 증명하기 위해 1992년 12월 모가디슈의 국가 질서 회복을 위한 대규모 군사 작전(리스토어 호프)을 시행한다.

작전은 화려했으나 해군은 진군에 어려움이 많았다. 도착 순간을 취재하기 위해 온 수많은 언론사 카메라에 방해를 받았던 것이다.

이라크는 아무런 근거 없이 세계 4위의 군사 대국으로 소개되었다.

전란을 걱정한 유럽인들은 전쟁이 일어나기 전부터 음식물을 사재기했다.

결국 전쟁은 연합군의 승리로 손쉽게 종결된다. 연합군 사망자는 236명, 이라크 사망자는 100만에서 30만 명 사이로 추산된다.

서구의 언론과 책임자들은 '동쪽에서 온 위협'을 대체할 후임자로 '남쪽에서 온 위협'을 언급했다.

하지만 이것은 사실이 아니었다. 세계는 막연한 낙관주의에 빠진다.

새로운 시대가 열리는 듯했다. 사람들은 새로운 세계 질서에 대해 이야기했다.

제2부 평화로운 신세계 질서를 향해?

앞선 1989년, 미국 국무부의 프랜시스 후쿠야마는 논문 〈역사의 종말〉을 발표했다.

서구의 정치 및 경제적 자유주의 모델은 이미 사람들의 정신에서 세계적인 규모로 자리매김했습니다.

헤겔 철학적 의미에서 이는 역사의 종말*과 같습니다. 인류가 공동의 목표를 가지고 있음을 인정했기 때문이죠.

열강들의 이데올로기적 패권주의와 그로부터 생겨나는 대립의 위험이 더는 존재하지 않게 되니까요.

*여기서 '역사의 종말'은 다른 이념 간의 대결이 사라졌다는 뜻. 즉 자유주의 이념의 승리를 의미한다. —감수자 주

조지 H. W. 부시는 1991년 3월 6일 걸프전 승리를 기념하는 의회 연단에 선다.

이번 세기 동안 두 번이나, 세계는 전쟁으로 인해 트라우마를 겪었습니다.

이번 세기 동안 두 번이나, 전쟁의 공포 속에서 지속적 평화에 대한 희망이 생겨났습니다.

그리고 두 번이나, 이러한 희망은 우리 인류의 손에 닿을 수 없는 멀고도 먼 꿈처럼 보였지요…

이는 제1세계, 제2세계, 제3세계를 나누는 인공적 구획의 종말을 뜻합니다. 우리는 자유 주권 국가들의 보편적 공동체 탄생을 목도하고 있습니다…

…이 공동체는 갈등, 인권, 그리고 자유의 두 기둥인 민주주의와 시장경제에 대한 협상 원칙 준수에 바탕을 둡니다.

1990년, 유럽과 북미(재통일된 독일 포함)의 국가 및 정부 수반 34명이 새로운 유럽을 위한 파리 헌장에 조인한다.

이는 1975년 헬싱키 협정 이후 처음으로 열린 유럽안전보장협력회의(CSCE) 정상회담이었다.

권러! 헬싱키 이후로 처음이군, 잘 지냈나?

만화로 보는 결정적 세계사

유럽에서 대립의 시대가 막을 내리고, 냉전이 공식적으로 폐기된다.

미국은 이에 동의하지 않는다.

1991년 2월 25일, 빈 껍데기만 남은 바르샤바조약기구의 해체가 선언된다.

바르샤바조약기구의 구회원국들은 여전히 모스크바에 대한 두려움에 떨며 살아가고 있었다. 이들 국가는 경제력 격차 때문에 당장은 유럽 기구에 가입할 수 없다는 걸 알고 있었다.

미국은 모스크바에 맞서 향후 이들 국가의 안보를 보장해주기로 약속한다.

1991년 12월, 유럽·대서양동반자관계이사회(EAPC)가 창설되어 NATO와 바르샤바조약기구 구회원국들 간의 회담을 개시한다.

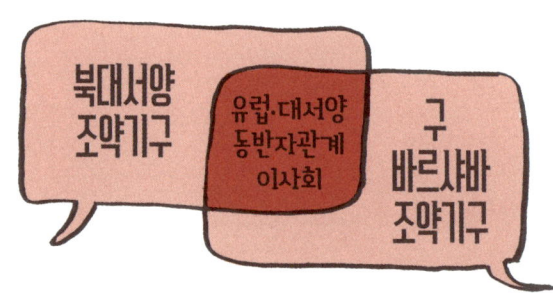

회담에서 프랑수아 미테랑은 NATO 세력 확장이 동구권에 가져올 위험을 경고한다. 모스크바의 신경을 거스를 수 있기 때문이었다.

러시아의 힘에 대한 공포가 바르샤바조약기구 구회원국들에게 NATO에 가입하고자 하는 욕망을 부추겼다면, 이제는 러시아의 약세가 가입을 가능하게 만들었다.

제2부 평화로운 신세계 질서를 향해?

국정연설에서 조지 부시는 신념을 다시 한 번 확고히 밝힌다.

"신의 은총으로 아메리카는 냉전에서 승리했습니다."

"과거 두 군사 진영으로 나뉘었던 세계는 이제 유일한 세력인 미국의 우위를 인정하게 되었습니다."

"그렇지만 우리는 아무런 공포도 심어주지 않습니다. 세계는 미국이라는 국가를 신뢰하고 있으며, 그것이 옳기 때문입니다."

이 말에는 미국이 자국을 냉전의 승리자이자, 새로운 세계 질서의 창시자로 여긴다는 사실이 담겨 있었다.

미국은 자국이 중요하게 여기는 가치에 보편적 특성이 있다고 확신하며, 미국이 이끄는 단극적 세계가 바람직하다고 생각한다.

"미국이 아니면… 달리 누가?"

고르바초프는 소련이 미국 및 서방 세계의 동반자가 될 수 있다고 생각했다.

"자유를 중시하고 공격성을 잃은 소련과 함께라면 그럴 수도 있었겠죠. 맞습니다."

"콜과 미테랑의 생각도 그랬습니다."

"우리는 고르바초프에게서 원하는 모든 것을 얻어냈습니다…"

"…이런 마당에 소련의 존속을 위해 노력할 필요가 있을까요?"

1991년 7월 G7 정상회담에서 제공된 원조가 고르바초프를 구하고 페레스트로이카의 성공을 이끌어내기에 충분했더라면 또 모를 일이다.

이는 영원히 답하지 못할 질문으로 남을 것이다.

독일 재통일을 관리하고 통일로부터 발생할 불안을 해소하기 위해, 유럽은 재건에 박차를 가한다.

1992년, 마스트리흐트 조약이 체결된다. 유럽경제공동체는 공동 화폐인 유로화와 함께 정치적 실체가 된 유럽연합에 자리를 내어준다.

유럽연합은 공동의 대외 및 안보정책을 갖추고자 한다.

분열과 냉전에서 해방된 유럽은 비로소 미래를 낙관적으로 바라볼 수 있게 된다.

어떤 이들은 지휘봉이 대서양을 건너 다시 유럽으로 돌아올 거라 생각했다.

하지만 보편적으로 퍼져 있던 낙관주의는 금세 사라진다. 냉전이 종식되었다고 해서 전쟁 자체가 끝난 것은 아니었기 때문이다…

아프가니스탄에서 소련군이 후퇴하면서 군벌 사이에 갈등이 터져 나왔다.

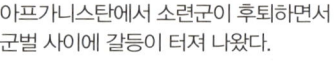

1993년 10월 3일, 소말리아의 모가디슈에서 미국 국적 헬리콥터 2기가 민병대에 의해 격추되고, 미군 18명이 사망한다.

빌 클린턴 미국 대통령은 미군의 철수를 결심한다. 리스토어 호프 작전은 악몽으로 변한다.

제2부 평화로운 신세계 질서를 향해?

유럽에서 또다시 일어난 전쟁

1945년, 유고슬라비아 공산주의 저항 세력의 수장 요시프 브로즈 티토는 6개 공화국이 속한 연방국가를 세운다.

티토의 무결점 리더십은 민족주의자들과 다양한 종교를 하나로 모으고…

…또한 국민 다수가 나치와 협력했던 크로아티아인들과 파르티잔 집단에 지금을 댔던 세르비아인들 간의 갈등을 망각하게 만든다.

티토는 1980년 사망한다. 유고슬라비아연방은 경제 위기를 겪으며 1989년 세르비아에서 슬로보단 밀로셰비치를, 1990년에는 크로아티아에서 프라뇨 투지만과 같은 민족주의 지도자들을 낳는다.

슬로베니아와 크로아티아는 각자 자국이 유고슬라비아연방에서 탈퇴하면 더욱 번영할 거라 믿었다.

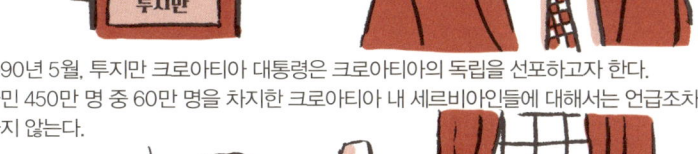

공화국들을 연합하게 만든 소련의 위협도 더는 없었다.

1990년 5월, 투지만 크로아티아 대통령은 크로아티아의 독립을 선포하고자 한다. 국민 450만 명 중 60만 명을 차지한 크로아티아 내 세르비아인들에 대해서는 언급조차 하지 않는다.

크로아티아 내 세르비아인들은 크로아티아가 독립할 경우를 걱정한다.

1990년 12월, 슬로베니아는 독립을 선언한다.

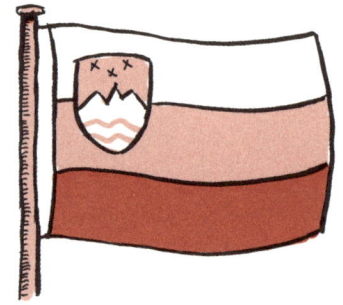

1991년 5월, 크로아티아 역시 독립을 선언하고, 크로아티아 내 소수를 차지하며 세르비아의 지원을 받는 세르비아인과 크로아티아인 간에 전쟁이 발발한다. 유럽연합은 1992년 1월 슬로베니아와 크로아티아, 4월에는 보스니아 헤르체고비나를 독립국으로 인정한다.

인종 청소, 집단 학살, 대규모 폭력을 배경으로 내전이 일어난다. 세르비아군은 사라예보(보스니아 헤르체고비나)를 공격한다.

유엔 평화유지군의 존재에도 불구하고, 스레브레니차에서 포로로 잡힌 무슬림 8천여 명이 세르비아에 의해 학살당하고 국제적 여론이 들끓는다.

미국이 개입을 결정한다. 크로아티아인들은 미국의 도움으로 크로아티아 내 세르비아군에 의해 점령당한 영토를 수복한다.

1995년 12월 파리에서 체결된 데이튼(미국의 군사기지) 평화협정은 내전을 종식하고, 보스니아 헤르체고비나 공화국을 크로아티아, 보스니아, 세르비아 세 지역으로 나눈다.

유럽은 갈등이 끝났다고 생각했지만, 냉전 시기에 알려지지 않았던 전쟁이 유럽 대륙에 다시 모습을 드러낸 것이다.

제2부 평화로운 신세계 질서를 향해?

20세기 말의 제노사이드

르완다는 과거 벨기에의 식민지였다. 벨기에는 후투족에 비해 소수민족이었으며 르완다 내 반복되는 인종 학살의 피해자였던 투치족을 우대했다. 1961년 르완다가 독립하면서 후투족이 정권을 잡자, 일부 투치족은 이웃 국가인 우간다로 피난을 떠난다.

이들은 1990년 강제로 정권을 찬탈하려 시도하지만 프랑스-벨기에 군사작전에 저지당한다.

1993년, 프랑스의 비호 아래 이루어진 아루샤 협정은 갈등에 마침표를 찍고 소수민족인 투치족에 대한 존중을 끌어내리란 희망을 품게 한다.

유엔군이 철수하면서 미국은 소말리아에서의 참패 이후 아프리카에서 완전히 손을 떼고자 한다. 하지만 1994년 4월 6일, 쥐베날 하브자리마나 르완다 대통령이 살해된다.

아루샤 협정에 반대했던 후투족 극단주의자들이 키갈리에서 권력을 잡고 끔찍한 제노사이드를 저지른다. 이들은 단 몇 주 만에 80만 명이 넘는 투치족과 후투족 온건파를 학살한다.

하브자리마나 대통령과 관계가 깊었던 프랑스는 제노사이드를 막기 위해 뒤늦게 '터키석 작전'을 펼친다.

키갈리에서 갓 권력에 오른 투치족 폴 카가메 대통령은 후투족 책임자들을 보호하려 한다는 이유로 프랑스를 비난한다.

전 세계는 충격에 빠진다. 한쪽에서는 '새로운 세계 질서'의 확립을 축하했는데 다른 한쪽에서는 믿을 수 없을 정도로 잔혹하고 폭력적인 제노사이드가 발생했기 때문이다.

제3부

이제 세계를 지배하는 건 서구가 아니다

제3부 이제 세계를 지배하는 건 서구가 아니다

동서 분열이 끝나면서 아프리카 대륙의 경제를 놓고 열강들이 벌이던 경쟁 구도도 해체되었다.

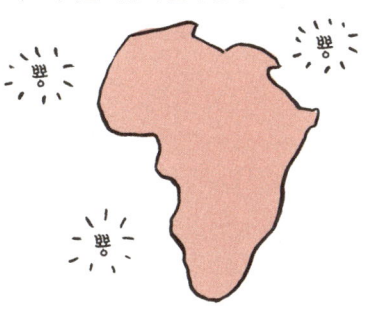

이제 소련은 더는 존재하지 않고, 미국은 몸을 사리며, 유럽은 통합에 열중이다. 아프리카는 자유의 몸이 된다.

영원할 거라 믿었던 공산주의 정권의 소멸에 놀랐으며…

…1990년 라볼 프랑스–아프리카 정상회담에 참석한 미테랑 대통령의 담화에 충격을 받은…

…아프리카의 일당제 정권들은 복수정당제로 나아가는 것처럼 보였다. 그러나 이는 겉모습에 불과했다.

아프리카 대륙은 곧 지속적인 빈곤, 우회적이고 비효율적인 개발 원조, 널리 퍼진 부패, 에이즈 확산, 독재정권 및 끔찍한 내란과 연관된다.

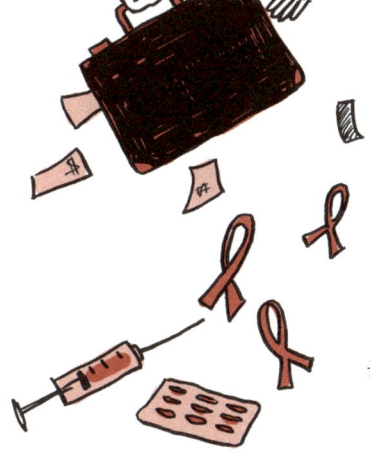

르완다 제노사이드, 소말리아 참패, 천연자원을 놓고 라이베리아와 시에라리온 민병대 사이에 벌어진 끔찍한 전쟁, 앙골라와 수단의 내전… 혼란은 대륙 전체로 퍼져나가는 것처럼 보였다.

1960년, 한국과 가나의 국민 1인당 연간 GDP는 모두 200달러 정도였다.

한국은 천연자원이 거의 없고 전략 및 지정학적으로 불안정한 지역에 있었다.

그러나 1960년과 2000년 사이, 한국의 GDP는 100배로 증가했다. 이에 비해 가나의 GDP 상승은 고작 3배에 그쳤다.

1960년, 세계 무역에서 아프리카는 3%를 차지했지만, 2000년에는 단 1%에 그친다. 아프리카의 GDP는 세계 GDP의 1.5%에 불과했지만

아프리카의 인구는 세계 인구의 12%에 달했다. 아프리카는 세계화라는 기차에 올라타지 못한 듯했다.

개인 재산과 공공 자산을 구분하지 않는 고위층에 잠식된 아프리카 국가들은 자국의 발전에는 아무런 관심이 없었다.

행정부는 비대하고 무능했다. 보건 및 교육 분야의 발전은 거의 이루어지지 않았다.

보건 의료 서비스 부족으로 에이즈는 더욱 확산해 아프리카 대륙의 인구 감소가 우려되는 지경에 이른다.

동서 분열 종식은 아파르트헤이트에도 영향을 미친다. 이제 공산주의에 대한 투쟁에서 남아프리카공화국은 미국에 꼭 필요한 동맹국이 아니었다.

제3부 이제 세계를 지배하는 건 서구가 아니다

미국에서는 남아프리카공화국 정권에 반대하는 흑인 공동체가 결성된다. 프랑스를 선두로 한 유럽 국가들은 1980년대부터 남아공에 대한 제재를 주장해왔다.

프레데리크 빌렘 데 클레르크 남아공 대통령은 1989년과 1994년 사이에 아파르트헤이트 정책을 폐기하기에 이른다.

그는 1990년 2월 11일, 27년간 옥살이하던 넬슨 만델라를 석방한다.

흑인 사회와 백인 사회는 복수가 아닌 화해를 위해 노력해야 합니다!

아파르트헤이트의 평화적 종식은 국제사회에서 찬사를 받았다. 만델라는 세계적 아이콘으로 부상한다.

만델라와 클레르크 대통령 1993년 노벨평화상 수상

만델라는 1994년 최초의 자유선거를 통해 대통령이 된다.

아파르트헤이트 정책이 끝나고 일부 흑인이 개인적 성공을 거두지만, 흑인에 대한 사회 및 경제적 차별은 여전히 극심했다. 대규모 부패가 고착화된다.

다른 아프리카 국가들과 화해한 남아공은 아프리카의 주요 국가로 거듭난다.

남아공은 2010년 월드컵을 주최하고 2011년에는 브릭스(BRICS)*에 합류한다.

*2006년 러시아의 제안으로 만들어진 신흥공업국가들(브라질, 러시아, 인도, 중국, 남아공)의 비공식 모임

만화로 보는 결정적 세계사

2000년대 무렵, 유엔 발언권과 천연자원을 노린 일본, 룰라 대통령 당선 이후의 브라질, 중국 등 새로운 이해 당사국들이 아프리카 대륙에 관심을 보인다. 유럽과 미국 또한 되돌아온다.

아프리카는 세계화의 대열에 합류한다. 2000년대부터 연간 5%대의 성장률을 보이며, 전화선이 보급되지 않았음에도 7억 대의 휴대전화를 보유하게 된다. 그러나 각국의 발전 정도는 제각각이었다.

빈곤하지만 민주주의 국가의 전형이던 말리는 격동기를 겪는다. 2013년, 프랑스는 바마코로 진군한 이슬람 극단주의 단체인 지하디스트를 저지할 것을 말리 지도층에 요청한다. 작전은 성공을 거둔다.

2013년 당선 이후, 2018년에 재선에 성공한 IBK* 대통령은 불안정한 정국 운영과 부정부패를 이유로 2020년과 2021년 두 차례의 군부 쿠데타에 의해 퇴출당한다. 말리는 러시아의 준군사조직인 바그너그룹에 협조하며 프랑스와의 군사 협력을 끊는다.

2022년 초, 같은 이유로 부르키나파소에서도 군부 쿠데타가 일어나고 지역은 더욱 불안정해진다.
*이브라힘 부바카르 케이타

프랑스의 6배에 달하는 광대한 면적에 통제가 까다로운 사헬 지역에서는 지하디스트 집단과 마피아 민병대가 인근 5개국(모리타니, 말리, 차드, 니제르, 부르키나파소)의 취약성을 이용해 혼란을 조장하고 있다.

지도층의 태만과 인근 국가의 야욕으로 인해 콩고민주공화국에서는 전쟁이 발발해 1998년과 2004년 사이에 500만 명에 달하는 사망자가 발생한다. 막대한 천연자원에도 불구하고 콩고민주공화국은 여전히 발전하지 못하고 있다.

소말리아와 짐바브웨는 대표적인 실패한 국가에 속한다.

아프리카에서 가장 인구가 많고(인구 1억 9천500만 명) GDP(4천억 달러)가 높은 나이지리아에서는 모하마두 부하리 대통령이 석유로 발생하는 수익을 국민에게 돌려주기 위해 부정부패와의 전쟁을 선포하고, 점점 더 많은 만행을 저지르는 지하디스트 단체 보코하람과도 맞섰다.

세계에서 가장 낙후한 46개국 중 33개국이 아프리카에 속한다. 인구 증가 추세로 본다면, 2050년 아프리카 인구는 세계 인구의 25%에 달할 것으로 전망된다. 서아프리카에서는 인구가 너무 가파르게 증가해 경제 발전을 저해하고 있다.

앙골라, 모잠비크, 시에라리온, 라이베리아는 21세기의 첫 10년 이내에 내전을 종식한다.

제3부 이제 세계를 지배하는 건 서구가 아니다

동아프리카의 에리트레아는 1993년 에티오피아로부터 독립하면서 에티오피아가 바다에 접근하는 수단을 차단했다.

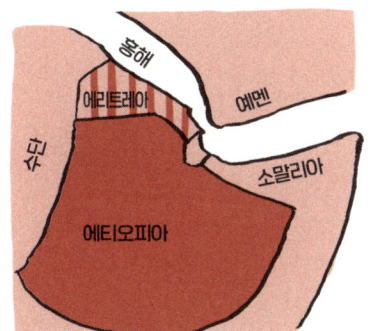

1998년부터 2000년까지 두 국가 사이에 일어난 전쟁으로 8만 명의 사망자가 발생하고, 이들 국가 모두 파탄에 이른다.

에리트레아는 전체주의 정권을 수립한다.

이사이아스 아페웨르키
1993년부터 에리트레아 대통령

중국의 입지가 높아지고 있는 에티오피아에서는 2018년 아비 아머드가 총리가 되면서 민주주의를 수립하고

에리트레아와 평화조약을 체결하면서 이듬해 노벨평화상을 수상한다.

아비 아머드

하지만 아머드 정권은 에티오피아 북부 티그라이 지역의 분리 독립 시도 탓에 급속도로 경색된다.

아비 아머드는 군사작전을 펼친다.

분쟁이 지역 내로 확산하면서 전쟁범죄가 들끓는다.

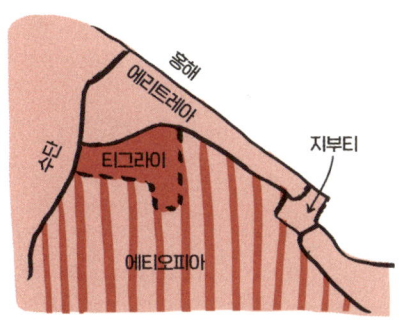

수단은 테러리스트를 도왔다는 이유로 분리주의 반란을 지원한 미국의 제재를 받는다.

이슬람주의자들에 의해 통치되던 수단은 남부에서 일어난 분리주의 반란과 대립한다…

…수단 남부 지역은 석유자원이 풍부하고, 기독교와 애니미즘을 신봉했다.

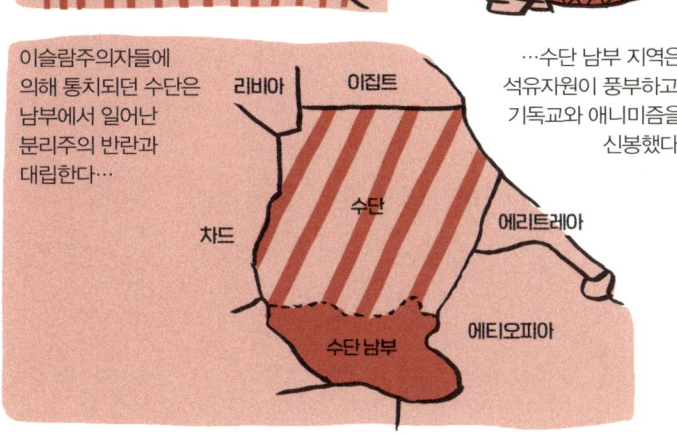

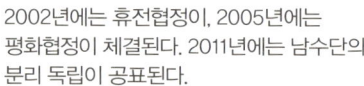

1955년과 1972년 사이 벌어진 첫 내전 이후, 1983년에 이르러 두 번째 내전이 수단을 피로 물들인다.

2002년에는 휴전협정이, 2005년에는 평화협정이 체결된다. 2011년에는 남수단의 분리 독립이 공표된다.

남수단은 유엔의 193번째 회원국이 되지만 뒤이은 내전으로 국가는 쑥대밭이 된다.

2003년 수단의 서부 다르푸르에서는 또 다른 분쟁이 일어난다. 북부 아랍계 인구와 다르푸르의 아프리카계 무슬림 정착 인구가 대립한다.

정부는 아프리카계 무슬림 정착 인구를 진압한다. 유목 생활을 하던 북부 아랍계 인구를 지지하면서 인종 청소를 벌였고, 이로 인해 30만 명이 사망한다.

오마르 알바시르 수단 대통령은 헤이그 국제사법재판소에 고발당한다.

아프리카 및 아랍 국가들은 재빨리 사법재판소를 비난한다.

2019년, 민중 봉기가 일어나 수단의 독재정권을 끌어내린다.

하지만 2021년, 군부 쿠데타가 권력을 잡고 전 세계는 이를 비난한다. 민중의 분노는 수그러들지 않는다.

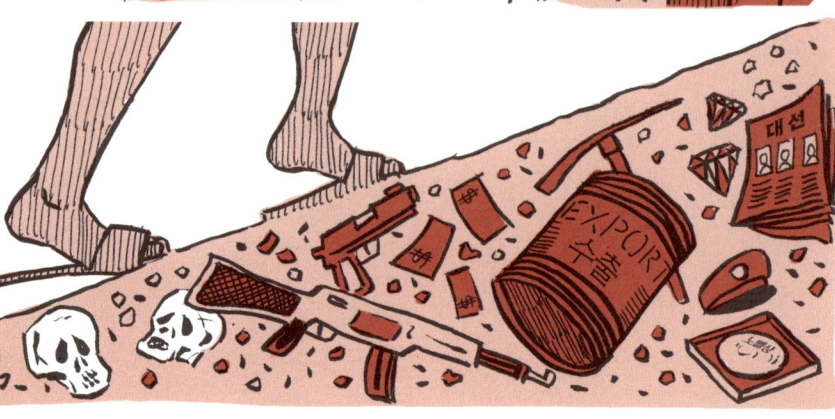

아프리카는 현저한 진보를 이뤘지만, 민주화는 답보 상태였다. 실패한 국가도 있지만, 아프리카 대륙은 분명한 경제적 성장을 거두었다. 하지만 그 열매는 국민에게 충분히 돌아가지 않았고, 경제 구조 역시 지나치게 천연자원에 의존했다.

제3부 이제 세계를 지배하는 건 서구가 아니다

중남미는 1990년대 일련의 심각한 경제 위기를 겪지만 민주주의는 굳건히 뿌리를 내렸다.

권력은 총칼이 아닌 투표를 통해 얻어졌다.

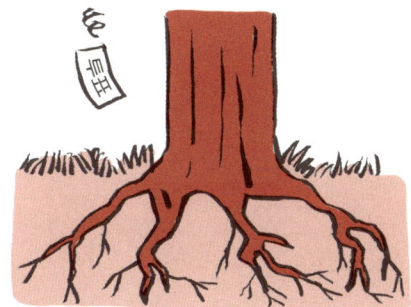

중남미는 이전보다 미국으로부터 자립할 수 있었다. 중남미에 공공연히 개입할 만한 반공 투쟁 같은 핑계가 사라졌기 때문이다.

1991년, 중남미 대륙의 5개국을 포괄하는 남미공동시장 메르코수르가 수립된다.

…그럼 사회주의자들은? 걔들도 우리가 처리해줄까?

쳇, 걔들이 결국 너희 잡아먹을 테니까 두고 봐라!

1994년 미국, 캐나다, 멕시코는 북미자유무역협정을 체결했고…

…2002년 미국은 이민자 유입을 막기 위해 멕시코와의 국경을 따라 장벽을 세운다.

우리도 그런 거 할 줄 알아!

아아! 이제 좀 낫네!

1999년, 베네수엘라에서는 인도 출신의 휴고 차베즈가 대통령으로 당선된다. 차베즈는 2013년 타계할 때까지 선거를 통해 집권한다.

차베즈는 대표적 석유 생산국인 베네수엘라에서 원유 가격이 상승하자 이를 이용해 야심 찬 재분배 복지정책을 펼치지만 생산 설비에 투자하지는 않는다.

휴고 차베즈
1954년 출생
2013년까지 재임

사우디아라비아 다음으로 우리가 석유 매장량이 가장 많다는 걸 잊지 마세요!

차베스는 조지 W. 부시에게 극단적으로 반하는 대외정책을 펼치며 반제국주의적 카스트로주의를 채택한다.

석유로 벌어들인 돈으로 쿠바를 원조하고, 카리브 국가에 영향력을 펼쳤다.

2005년, 차베스는 미국의 지배에 저항하기 위해, 중남미 좌파 정권이 결집한 '미주 대륙을 위한 볼리바르 동맹'을 출범한다.

볼리비아에서는 마찬가지로 인도 출신의 에보 모랄레스가 2005년 대통령에 당선된다.

2006년, 에콰도르에서는 라파엘 코레아가 대통령에 당선된다.

이들은 폭넓은 복지정책을 시행하고 원주민의 권리를 인정했다.

브라질의 루이스 이나시우 룰라 다 시우바, 통칭 룰라가 2002년 대통령에 당선된다. 극좌파였던 룰라는 노동운동가로 활동할 당시 읽고 쓰는 법을 배웠으며, 독재정권 아래서 고문당한 전력이 있었다.

룰라는 극심한 불평등을 바로잡고자 했다.

룰라가 대통령이 된 지 10년 만에 브라질 국민 4천만 명 이상이 빈곤 한계선에서 벗어난다.

룰라는 빈곤층의 영양실조를 방지하기 위해 보우사 파밀리아 정책을 편다.

이러한 정책은 특히 중산층의 성장을 돕는다.

제3부 이제 세계를 지배하는 건 서구가 아니다

브라질은 신흥 민주주의 국가의 상징으로 떠오르며 국제 무대에서 중요한 역할을 해낸다.

룰라는 국제통화기금(IMF)에 진 국가 부채를 상환한다. 그는 미국에 반대하면서도 차베즈가 했던 독설은 이어나가지 않는다.

브라질은 신흥국의 리더로 거듭나고자 다자간 공동 정책을 설파하는 외교를 펼친다.

브라질은 전 세계 37개 곳에 새로 대사관을 세우고 브릭스에 가입한다. 또 2014년에는 월드컵, 2016년에는 올림픽을 개최한다.

2010년, 지우마 호세프가 룰라의 뒤를 이어 대통령이 된다.

브라질 과두정치 세력을 비롯해, 극빈층을 위한 사회정의 정책을 받아들이지 않았던 일부 중산층이 호세프 대통령에게 반기를 든다.

2016년 호세프는 결국 탄핵당해 대통령의 자리에서 물러난다.

2018년 대선에서 표심은 룰라에게 쏠린다.

하지만 부패와 사법 농단 혐의로 수감된다.

그리고 극우 세력의 리더 자이르 보우소나루가 대통령으로 당선된다.

보우소나루는 브라질의 도널드 트럼프로 불리며, 인종차별, 성차별, 호모포비아적 발언을 서슴없이 내뱉는다.

보우소나루는 아마존 삼림 파괴를 심화하고, 미국에 동조하며, 거액의 자산을 조성한다.

원자재 가격 하락과 형편없는 관리로 인해 브라질은 경제 위기에 빠진다.

코로나19 위기가 닥치고, 보우소나루가 사태의 심각성을 부인하면서 경제 위기는 더욱 심화했고, 사회 및 보건 위기까지 겹친다.

도널드 트럼프는 경제 압박을 통해 중남미에 대한 간접적인 통제권을 다시 쥐려 한다.

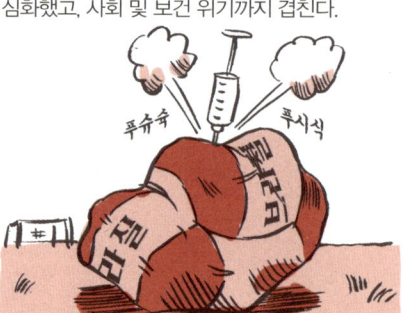

하지만 트럼프는 거대해지는 중국의 영향력에도 맞서야 했다. 중국은 중남미 국가에 없어서는 안 될 경제적 동반자로 거듭난다.

이처럼 2000년대 초반 좌파의 격동기, 이후 10년간 우파의 격동기를 겪으며 중남미 정세는 다변화 및 파편화한다.

한편, 중앙아메리카는 미약한 변화를 겪는다. 쿠바의 피델 카스트로는 병환으로 2006년 동생 라울에게, 라울 카스트로는 다시 2018년 미겔 디아스카넬에게 권력을 넘긴다.

트럼프는 오바마 대통령이 시작한 친화정책을 중단하고, 여전히 공산주의 체제를 유지하던 쿠바에 추가 제재를 가한다.

쿠바와 미국 간 관계 회복은 민주당 조 바이든 대통령의 당선과 함께 가능해진다.

*아이티의 수도

제3부 이제 세계를 지배하는 건 서구가 아니다

콜롬비아에서는 2016년 콜롬비아 무장혁명군(FARC)과 후안 마누엘 산토스 대통령 사이에 평화협정이 체결되고, 이를 계기로 산토스 대통령이 노벨평화상을 수상한다.

정치적 게릴라 부대이자, 마약 밀매 및 범죄를 저지르는 준군사조직인 이들은 1990년대 이후 50만 명의 목숨을 앗아갔다.

하지만 2018년 당선된 이반 두케 콜롬비아 대통령은 평화협정에 문제를 제기하려는 듯했다.

마지막으로 멕시코에서는 2018년, 안드레스 마누엘 로페스 오브라도르(AMLO)가 대통령에 당선된다.

오브라도르는 멕시코 최초의 좌파 대통령이었다.

오브라도르는 부패, 마약 밀매, 범죄와 맞서 싸우길 원했지만, 성과는 없었다.

멕시코는 여전히 미국에 의존하고 있었다. 멕시코 총수출의 80%는 미국을 향했다.

중미는 빈곤과 갱단 및 마약 밀매 조직에 시달리고 있었다. 이들에 의한 사망자만 매년 수만 명에 달했다.

이곳에 닥친 끔찍한 코로나19 위기는 지난 10년간 이룬 경제 발전을 모조리 무너뜨리고 250만 명을 빈곤 한계선 아래로 밀어낸다.

아시아는 1990년대에 괄목할 만한 경제성장을 이루었다. 1960년과 1990년 사이에 GDP가 10배 상승한 일본과 네 마리 용(한국, 대만, 홍콩, 싱가포르)에 이어 호랑이(인도네시아, 말레이시아, 태국, 필리핀)의 시대가 왔다. 이들은 값싼 노동력을 바탕으로 수출품 생산에 주력한다.

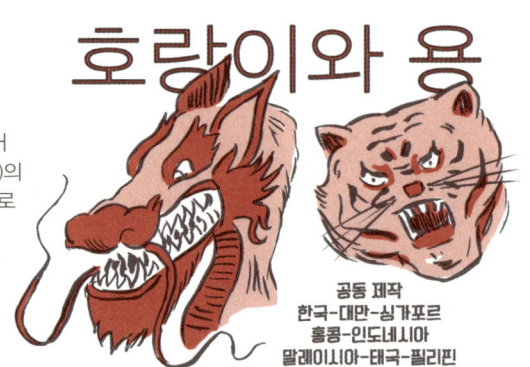

호랑이와 용

공동 제작
한국-대만-싱가포르
홍콩-인도네시아
말레이시아-태국-필리핀

이들은 막대한 대외투자를 유치하지만 1997년 심각한 금융위기 탓에 제대로 된 효과를 보지 못한다.

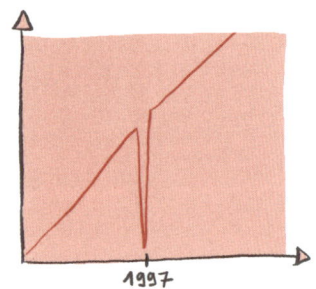

기간으로 보나 추세로 보나, 전례 없는 경제 발전을 이룩한 중국은 뒤처져 있던 지역 내 강국에서 공격적인 세계열강으로 거듭난다.

아시아의 GDP는 전 세계 GDP의 약 36%(1960년대 이후로 2배 상승)를 차지하면서 새로운 세계의 중심이 된 것처럼 보인다. 아시아 인구는 세계 인구의 3분의 2에 달한다.

1989년 6월, 중국 톈안먼 광장에서 부패 척결과 민주주의를 요구하는 시위가 일어난다.

중국은 시위대를 유혈 진압하며 서구 국가들로부터 제재를 받고 상대적으로 고립된다.

하지만 중국의 고립은 그리 오래가지 못한다. 눈부신 성장을 이루는 중국은 모두가 탐낼 만한 시장이었고…

다루기 쉽고 값싼 중국의 노동력은 해외투자자들의 관심을 끌었다.

제3부 이제 세계를 지배하는 건 서구가 아니다

1993년, 중국은 공식적으로 사회주의 시장경제체제를 채택한다.

모든 체제에서 최악의 부분만 골랐죠.

덩샤오핑 중국 최고지도자

중국은 1997년 영국으로부터 홍콩을 반환받는 외교적 쾌거를 거두었다.

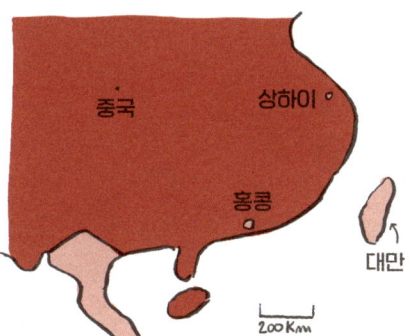

'일국 양제' 개념을 도입할 기회가 됐죠.

50년 동안 홍콩의 자치권을 보존해야 합니다.

대만 통일 모델로 사용되어야 하니까요.

1999년, 중국은 포르투갈령이던 마카오를 반환받는다.

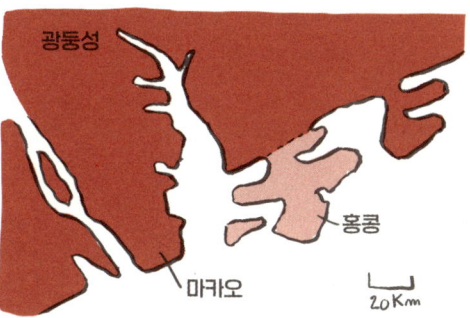

2001년, 중국은 개발도상국 지위를 유지한 채로 세계무역기구(WTO)에 가입한다.

당시 중국의 GDP는 미국 GDP의 10%에 불과했다.

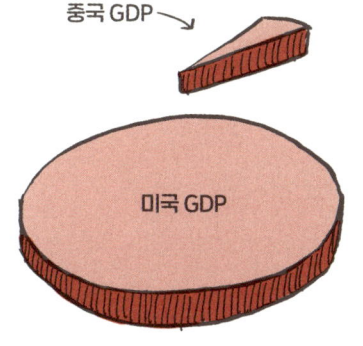

중국과 미국은 서로 의존하고 있었다.

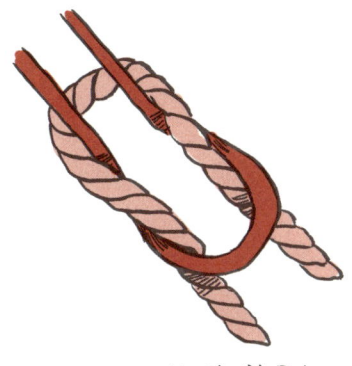

우리는 중국과 경제적으로 화해하고자 합니다…

…목표는 경제적 발전을 통해 중국이 정치적으로 개방하고 서구와 화해하게 하는 겁니다.

우리는 경제성장을 위해 미국 시장으로 접근해야 합니다.

그리고 막대한 무역 흑자를 올려 미국의 채권을 사들일 겁니다.

중국은 미국과 좋은 관계를 유지하기를 원했다.
1999년, 코소보전쟁 동안 미군 항공기가 베오그라드의 중국 대사관을 파괴한다. 실수였을까, 도발이었을까? 중국은 이에 온건하게 대응한다.

2001년, 중국은 국가적 긍지인 2008년 올림픽 개최권을 따낸다. 세계는 중국 내 인권 침해에 반대하며 올림픽을 보이콧하겠다는 협박을 이어나간다.

8억 명의 중국 국민이 빈곤 한계선에서 벗어났고, 1인당 국민소득은 1980년대 초부터 오늘날까지 30배나 증가한다.

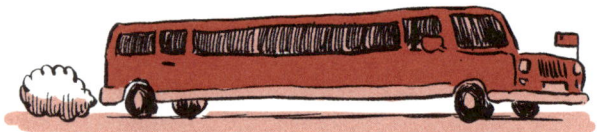

시진핑 주석은 일대일로라는 대규모 계획을 출범하고, 물자 보급과 수출을 안정화하기 위해 국가 기반시설(항구, 철도, 공항)에 과감히 투자한다.

또 2003년에는 프랑스와 러시아 같은 국가보다는 낮은 강도로 이라크전쟁에 반대하기도 했다.

중국 경제는 40년 동안 끊임없이 성장했다. 2020년 말, 중국의 GDP는 미국 GDP의 70%를 기록한다.

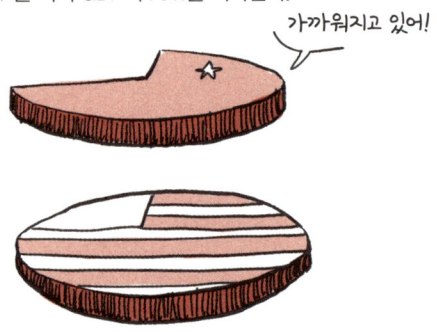

두 세대 만에 배곯던 국가가 공식적으로 빈곤을 근절한 국가로 거듭난 것이다.

이는 신중했던 덩샤오핑의 정책에 비해 과감했다…

시진핑은 중국을 세계 1위 강대국으로 만들겠다는 의지를 공공연히 표방한다.

제3부 이제 세계를 지배하는 건 서구가 아니다

2011년 중국의 GDP는 일본을 뛰어넘었고, 2013년에는 세계 1위 무역대국(수출입 총액)이 된다.

중국은 세계의 공장이라는 자리에서 벗어나 기술 강대국으로 거듭난다.

인공지능 대란에 뛰어든 중국의 거대 IT기업 BATX(바이두, 알리바바, 텐센트, 샤오미)는 미국의 GAFAM(구글, 애플, 페이스북, 아마존, 마이크로소프트)과 어깨를 나란히 한다.

1988년 중국 내 고속도로의 총길이는 150킬로미터에 불과했지만, 2012년에 이르러서는 9만 6천 킬로미터로 미국을 따라잡았고, 2020년에는 16만 킬로미터로 추산된다.

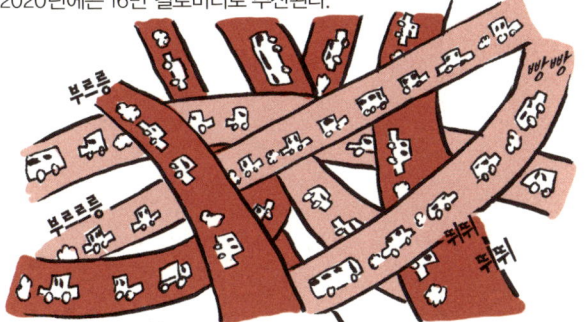

철도도 마찬가지다. 2007년 고속철도선이 없었던 중국은 오늘날 길이 3만 5천388킬로미터에 달하는 고속철도선을 보유하고 있다.

8억 5천만 명의 중국 인구가 인터넷 접근성을 확보했다.

환경 측면에서는 2015년 파리기후협약에 조인한다.

과거 중국은 자국의 경제 발전을 해칠 것을 우려해 환경 보전 의무를 거부해왔다.

그랬던 중국이 이러한 결단을 내린 것은 심각해지는 환경오염에 대한 국민적 우려를 해소하기 위해서다.

또한 중국은 재생 가능 에너지 분야에서 리더가 될 거라 기대한다.

인구 고령화를 우려한 중국 정부는 2015년 한 자녀 정책에 마침표를 찍는다.

그렇다고 출생률이 바로 회복되지는 않았는데, 아이를 양육하는 비용이 여전히 매우 비쌌기 때문이다.

2021년에는 한 가정당 세 자녀까지 낳는 것이 허용된다.

오늘날 중국은 가정 내에서조차 정권을 비판할 수 없던 마오쩌둥 시대의 전체주의에서 탈피했다.

하지만 정권에 의해 정보통신기술이 통제되고, 심지어 그것이 국민을 감시할 목적으로 사용되는 여전한 독재국가이다.

시진핑 주석은 자신의 권위를 내세우며, 이제 막 싹트기 시작한 자유주의를 억압하고 있다…

대부분의 중국 국민은 경제적 번영을 가져다준 현 정권을 받아들였다.

민주주의를 요구하는 목소리는 아직 소수에 불과하다.

경제적 번영과 함께 애국심은 공산당의 정당성을 세워주는 주요한 가치로 여겨진다. 중국 국민은 민족주의적 감정에 동요되며, 주요 경제 대국으로 거듭난 자국을 자랑스레 여기고 있다.

시진핑을 둘러싼 개인숭배 풍조도 확산하고 있다.

제3부 이제 세계를 지배하는 건 서구가 아니다

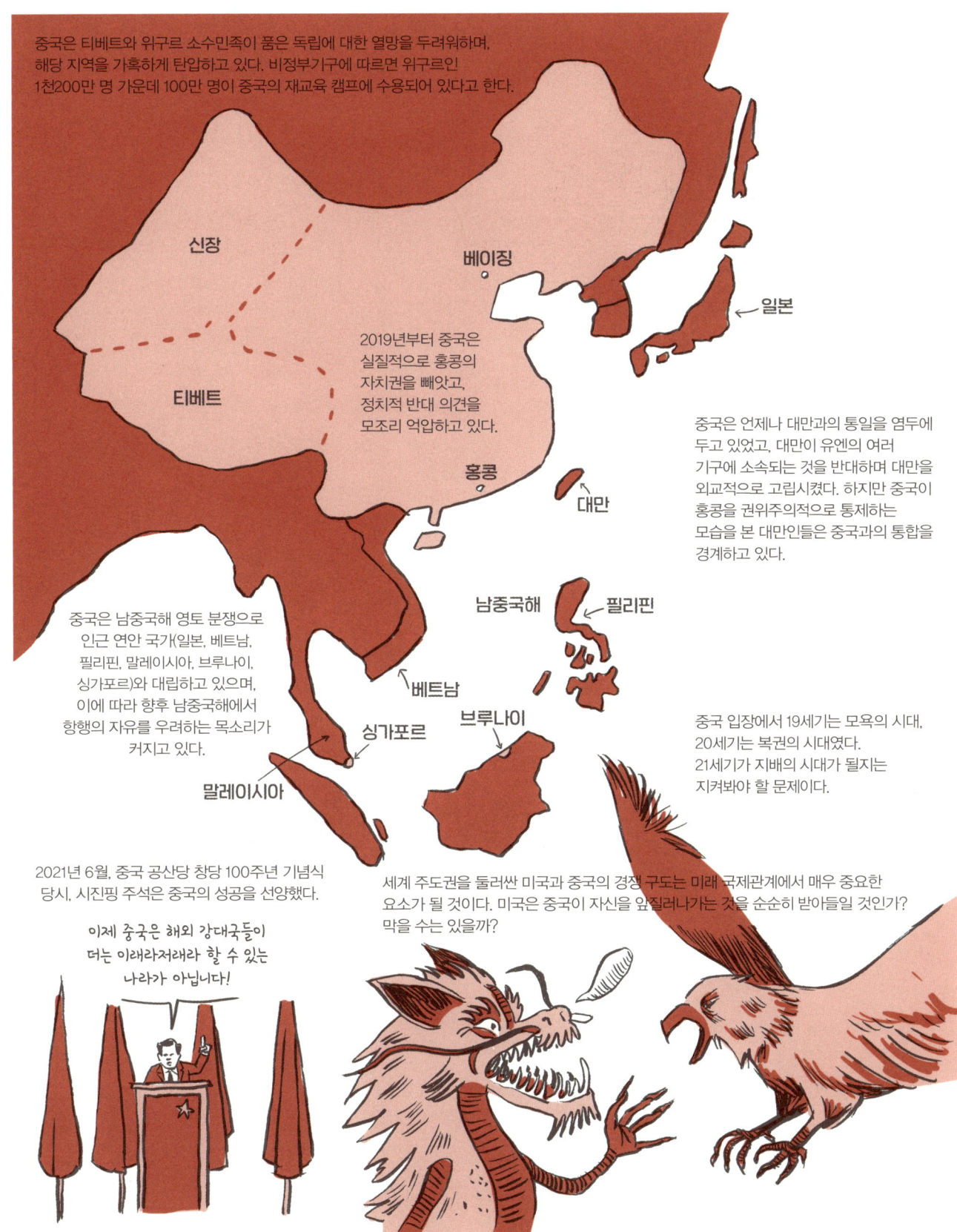

1980년대 말, 일본 경제의 고공 행진은 막지 못할 흐름처럼 보였다. 일본은 국내 시장의 빗장을 굳게 걸어 잠그고 해외 시장을 정복하러 나섰고, 이는 미국의 자동차 및 전자제품 시장을 어려움에 빠트린다.

미국 및 유럽 국가들은 점차 일본을 불공정 경쟁자로 인식하게 된다.

1990년대 초, 일본 경제의 거품이 꺼지면서 닛케이지수가 곤두박질친다.

그리고 일본의 '잃어버린 10년'이라 불리는 길고 긴 경기 침체기가 시작된다.

경제활동인구의 2%였던 실업률은 6%까지 급등한다.

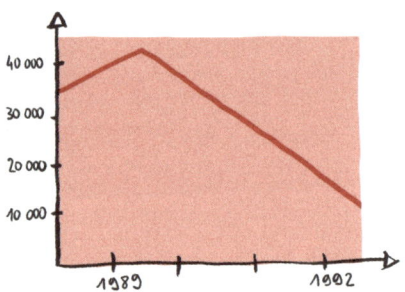  

경제 위기에 사회적 위기도 겹친다. 여성들이 그동안 맡아오던 부차적 역할을 조금씩 거부하기 시작한 것이다…

…청년층은 노동 중심 사회에 반발하고 나선다.

여기에 지정학적 위기마저 더해진다. 일본은 유엔 안보리의 상임이사국이 되길 원했지만, 그러기에는 국제 문제에 충분히 관여하지 못하고 있었다.

걸프전 당시에는 군대를 파견하지 못해 전쟁 비용을 부담하는 데 그쳤는데, 이를 '수표 외교'라 부른다.

일본은 제2차 세계대전 당시 저지른 만행에 대해서도 충분한 사과를 하지 않았다.

제3부 이제 세계를 지배하는 건 서구가 아니다

이를 언짢게 여긴 한국과 중국은 아시아에서 일본을 상대적으로 고립시키고 있고, 일본은 계속해서 미국의 보호에 의존하고 있다.

내각 불안정 시기를 지나고, 2013년 아베 신조가 총리가 된다.

아베 총리는 국제 무대에서 일본의 노선을 더욱 확고하게 정하고자 한다.

2015년, 아베 총리는 동맹국에 대한 군사력 지원을 허가하는 법안을 가결하며 헌법의 평화적 성격을 감소시킨다.

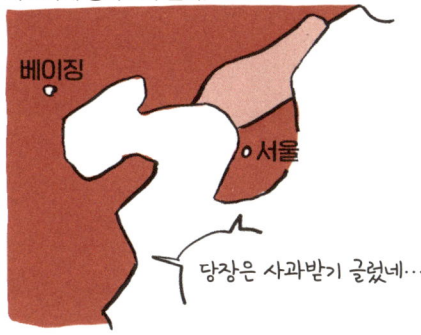

그러나 2011년, 일본은 후쿠시마 원전 폭발이라는 커다란 사고를 겪고, 전 세계적으로 원자력 기술에 대한 불신이 싹튼다.

같은 해, 중국의 GDP가 일본의 GDP를 추월한다.

남한은 1980년대를 지나며 점차 민주화되었지만, 북한은 아직도 외부와 단절한 채 세계 유일의 전체주의 체제를 유지하고 있다.

남한은 눈부신 경제성장을 거두었지만, 북한은 1990년대까지 기근을 겪을 정도로 여전히 빈곤에 시달리고 있다. 양국 국민은 왕래나 소통이 불가능하다.

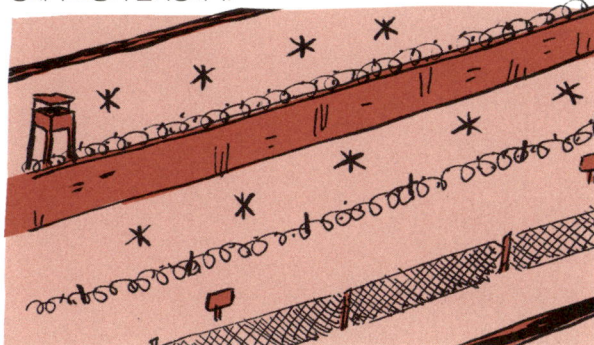

북한의 초대 지도자 김일성은 1994년 사망한다.

김일성의 아들 김정일이 그 뒤를 잇고…

…공산주의 세습정권이라는 전례 없는 체제에서 다시 김정은이 그 뒤를 잇는다.

남한에서는 1998년 김대중이 대통령이 된다. 김대중은 독일의 동방정책에서 영향을 받아 햇볕정책이라는 대북정책을 펼친다.

1993년, 북한의 대규모 핵개발계획이 드러난다.

북한은 서울뿐 아니라 일본까지 도달할 수 있는 탄도미사일까지 개발했다.

북한, 그리고 미국과 그 동맹국들 사이에 긴장감이 감돈다.

2000년 10월, 매들린 올브라이트 미국 국무장관이 평양을 방문해 모두를 깜짝 놀라게 한다. 비로소 갈등이 해소되리란 기대가 피어오른다.

이스라엘-팔레스타인 분쟁 협상으로 분주한 빌 클린턴 대통령은 갈등 종식을 위해 북한을 방문할 여유가 없었다.

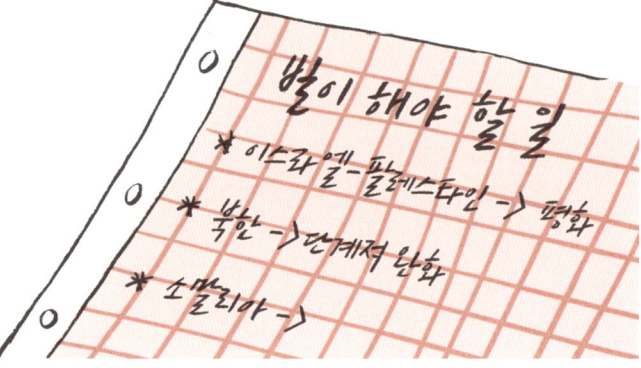

제3부 이제 세계를 지배하는 건 서구가 아니다

그 뒤 북한은 조지 부시 대통령에 의해 이라크와 이란과 함께 악의 축으로 규정된다.

북한은 2003년 핵확산금지조약에서 탈퇴하면서 핵보유국으로서의 능력을 재확인시킨다.

2007년, 남한의 경제적 원조를 대가로 북한이 핵개발계획을 해체하는 협정이 남북한 사이에 조인된다.

그러나 새롭게 당선된 보수파 이명박 대통령은 북한의 약속을 믿지 않았고, 다시 엄격한 대북정책을 시행한다.

2016년, 김정은은 핵 및 탄도미사일 실험을 다시 강행한다.

중국은 유엔의 대북 제재에 찬성표를 던진다.

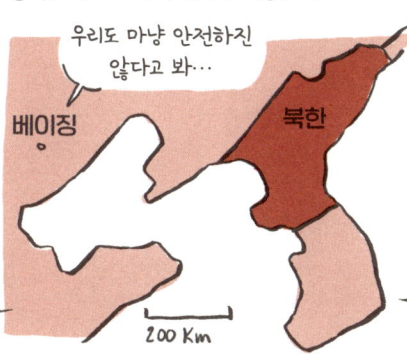

2017년, 트럼프와 김정은 사이에 거친 언사가 오가자 세계는 바짝 긴장한다.

2017년 9월, 유엔총회 당시…

자신의 협상력을 자신한 트럼프는 김정은에게 정상회담을 제안한다. 최초의 회담은 2018년 6월 싱가포르, 두 번째 회담은 2019년 2월 베트남에서 이루어진다.

이는 미국이 북한을 인정한다는 뜻이었다. 부친인 김정일도, 조부인 김일성도 이뤄내지 못했던 것으로, 김정은에겐 승리와도 같았다.

한반도 통일과 비핵화에 대한 기대는 여전히 허상에 불과했다. 핵무기 보유는 북한의 생존을 보장하는 수단이었기 때문이다.

한편 남한에서도 통일에 대한 낙관론과 비관론이 공존한다.

비동맹국이긴 했지만 인도는 소련과 매우 가까운 관계를 유지했다.

소련 해체 이후, 인도는 대외정책을 수정해야 했다.

계획경제에서 벗어나면서 인도는 경제 개방에 사활을 건다.

인도는 영어를 완벽히 구사하는 양질의 노동력을 활용해 신기술 분야에서 주요 당사국으로 거듭난다.

하지만 카스트 제도의 존속이 국가 발전을 저해하고 있다.

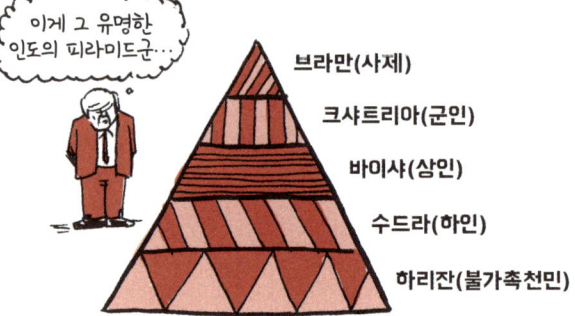

제3부 이제 세계를 지배하는 건 서구가 아니다

1998년 5월, 인도는 다섯 번의 핵실험을 강행한다.

파키스탄도 이에 뒤질세라 핵실험을 한다.

세계의 눈에 이들 국가는 핵보유국으로서 입지를 다진 것처럼 보였다.

두 국가 모두 핵확산금지조약을 체결하지 않았기 때문에, 국제법을 어긴 것도 아니었다.

세계는 두 국가 사이에 핵전쟁이 일어나진 않을까 우려한다. 두 국가는 분리 독립 이후 벌써 세 차례나 전쟁을 벌여왔다.

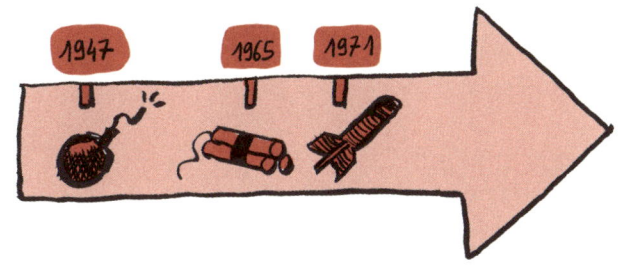

두 국가는 서로에 대한 핵 억지력을 갖추고 있었다. 1998년 12월, 인도와 파키스탄은 서로의 핵시설에 대한 공격을 금지하는 협정을 맺었다.

1999년 10월 쿠데타를 통해 집권한 페르베즈 무샤라프 장군이 이끄는 파키스탄은 2001년 9·11테러 이후 아프가니스탄의 탈레반과 공식적으로 단교했다.

아프가니스탄 전쟁을 계기로 미국은 파키스탄을 없어서는 안 될 존재로 여긴다.

하지만 파키스탄은 아프가니스탄이 인도의 영향권 안으로 들어가지 않도록 탈레반에 몰래 원조를 제공하면서 이중적 태도를 취했다는 비난을 받는다.

만화로 보는 결정적 세계사

테러 조직 알카에다와의 관계 또한 여전히 의심을 사고 있다. 2011년 5월 2일, 파키스탄에 피신해 있던 오사마 빈라덴은 그곳에서 미군에 의해 사망한다.

인도와 파키스탄은 실제로 전쟁이나 평화 없이도 화해와 갈등 국면을 반복한다.

2004년 이후로 집권당이 되었지만 부패 파문과 왕조적 세습체제로 힘을 잃은 인도의 국민회의당이 2014년 총선에서 참패한다.

민족주의자 나렌드라 모디가 총리에 취임한다.

모디 총리는 미국과의 친화를 통해 유엔 안보리 상임이사국에 합류하여 세계 6위의 강대국으로 인정받기를 바랐다.

인도보다 몸집이 5배는 컸던 중국과의 경쟁은 여전히 치열했다.

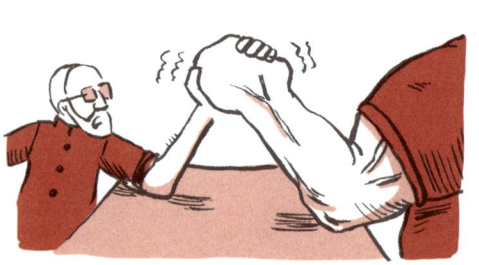

2019년 재선에 성공한 모디는 인도 인구의 12%를 차지하는 무슬림에 대해 강경한 입장을 취한다.

모디 총리는 힌두인의 정체성을 강조하면서 2019년 말, 파키스탄이 영유권을 주장한 카슈미르 지역에 비상사태를 선포한다. 모디는 지역 내 탄압을 더욱 심화한다.

제3부 이제 세계를 지배하는 건 서구가 아니다

지난 반세기에 소련이라는 위협은 미국의 일상이었다. 위협이 사라지고 나자 미래에 대한 전망도 환하게 트였고, 미국 지도층은 이제 그 무엇도 미국에 맞설 수 없으리라 생각했다.

그리고 미국이 민주주의와 시장경제의 상징이자 매개체라고 여겼다.

1992년 11월, 거의 무명이던 아칸소 주지사 빌 클린턴이 조지 부시를 제치고 대통령에 당선되어 모두를 놀라게 한다.

혹은 클린턴의 고문인 제임스 카빌이 말했던 것처럼…

아내 힐러리와 함께 클린턴 부부는 젊고 민주적이며, 세계로 문을 개방한, 현대적이고 낙천적이고, 리더십이 있으면서도 일반 시민과 가까운 아메리카를 대표하는 표상으로 떠올랐기 때문일 것이다.

클린턴은 봉쇄정책에서 확대정책으로 나아가야 한다고 여겼다. 이제 미국의 목표는 러시아를 저지하는 것이 아니라, 민주주의를 세계적 규모로 '확대'하는 것이 되었다.

1994년 11월의 중간 선거 결과, 1952년 이후 처음으로 공화당이 상·하원을 모두 장악한다.

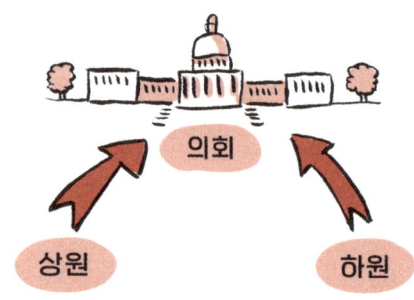

1995년 4월 19일, 오클라호마에서 일어난 테러로 168명이 사망한다. 극우 우월주의자들이 저지른 만행이었다.

수많은 통상조약이 체결된다. 톈안먼 사태 이후로 중단되었던 미·중 협력 관계가 회복된다.

1993년 2월 26일, 세계무역센터 폭발 테러로 6명이 사망하고 1천 명이 부상당한다.

빌 클린턴이 자신의 정책을 펼치기에는 역부족인 상황이었다.

1997년 10월에는 장쩌민 중국 주석이 미국을 방문한다.

미국은 중국이 경제성장을 통해 국제 무대에 편입될 거라고 예측한다.

제3부 이제 세계를 지배하는 건 서구가 아니다

1998년, 르윈스키 스캔들이 터진다. 빌 클린턴이 백악관 인턴이었던 모니카 르윈스키와 부적절한 관계를 맺어왔다는 것이다…

…클린턴이 이를 부인하고 거짓말을 했다는 사실도 파문을 일으킨다. 클린턴에 대한 탄핵안이 상정되지만 기각된다.

2000년, 빌 클린턴은 미국 경기 호조라는 성과와 함께 임기를 무사히 마친다.

이러한 호조에도 불구하고, 미국은 수많은 국제조약이 자국의 주권을 제한한다며 거기에 매여 있기를 거부한다.

미국 41대 대통령 조지 H. W. 부시의 아들인 조지 W. 부시는 2001년 1월 미국의 43대 대통령이 되어 모두를 놀라게 한다.

클린턴 행정부의 부통령이자 여론조사에서 지지율이 높았던 앨 고어를 제친 것이다. 앨 고어는 미국만의 승자 독식 선거인단 제도의 희생양이었다.

무엇보다 부시가 승리할 수 있었던 것은 그의 동생 젭 부시가 주지사로 있던 플로리다주에서의 승리 덕분이었다.

선거일로부터 37일이 지난 후 미국 연방대법원에서 중단 결정을 내리기까지, 몇 번이고 재검표가 진행된다.

미국 민주당 측에 영광스러운 일화는 아니었다.

조지 부시는 국제 무대 경험이 전무했다. 당선 전에 두 국가를 방문한 것이 다였다.

조지 부시는 빌 클린턴이 외교에 지나치게 많은 시간을 할애했다고 비판하면서, 절제된 대외정책을 강조하는 캠페인을 벌였다.

부시는 관여하지 않고, 경험도 적고, 골프에만 많은 시간을 쏟는 대통령이라는 이미지를 주었다.

그러나 2001년 9월 11일에 일어난 테러의 충격은 그를 단숨에 전쟁 지휘관으로 바꾸어놓았다.

이날, 알카에다에 납치된 항공기 두 대가 세계무역센터의 쌍둥이 빌딩으로, 다른 한 대는 펜타곤으로 돌진했다.

네 번째 항공기는 백악관 혹은 국회의사당을 노렸으나 승객들의 저항으로 땅에 추락했다.

미국은 커다란 충격에 빠진다.

제3부 이제 세계를 지배하는 건 서구가 아니다

부시는 너무나도 '선한' 미국이 왜 미움받는지 고심한다.

부시 주위의 신보수주의자들(네오콘)은 이를 공격적 정책을 펼 절호의 기회로 본다.

10월 7일, 전 세계적인 지지를 얻은 미국은 아프가니스탄 탈레반 정권을 상대로 전쟁을 일으킨다.

탈레반은 9·11테러의 지휘관으로 지목된 빈라덴을 넘겨주기를 거부한다.

세계에서 자국에 대적할 만한 국가도 없었고 모든 위협으로부터 안전하다고 믿었던 미국이 전 영토에 걸쳐 전례 없는 공격을 받았다.

테러와의 전쟁을 선포한 미국은 안보정책의 방향을 전환하고 특정 자유를 제한하기 시작한다.

미국은 반격을 시도한다. 2002년 1월, 조지 부시 대통령은 이라크, 이란, 북한으로 구성된 악의 축을 공공연히 비난한다.

사담 후세인의 이라크가 알카에다와 관련이 있다는 주장이 제기되었지만 이는 거짓이었다.

만화로 보는 결정적 세계사

신보수주의자들은 사담 후세인 정권을 무너뜨리려 한다. 그러면 이라크에서 민주주의를 확립할 수 있다고 여긴 것이다.

2002년 10월, 의회는 이라크전쟁 법안을 투표에 부친다. 미국 내에서 반대 목소리는 거의 없었다. 반애국주의자로 찍힐 것을 두려워한 민주주의자들도 마찬가지였다.

일리노이주 상원의원으로 당선된 젊은 버락 오바마는 전쟁이 불러올 위험을 경계한다.

2003년 2월, 콜린 파월 국무장관은 유엔 안보리에서 이라크가 대량파괴무기를 소지하고 있다는 '증거'를 제시한다. 이는 곧 거짓으로 판명 난다.

프랑스는 전쟁에 반대한다. 자크 시라크 프랑스 대통령은 전쟁이 테러리즘을 키울지도 모른다고 생각했다.

프랑스에 대한 반감이 피어오른다.

도미니크 드빌팽 프랑스 외교부장관은 전쟁 반대 의사를 표명한다.

제3부 이제 세계를 지배하는 건 서구가 아니다

조지 부시는 2004년 재임에 당당히 성공한다.

미국인들은 부시가 테러로부터 미국을 지켜낼 거라 믿었다.

2005년 8월, 태풍 카트리나가 루이지애나주, 그중에서도 뉴올리언스에서 1천836명의 사망자와 705명의 실종자를 낸다.

희생자는 주로 아프리카계 미국인이었다. 조지 부시는 이들에게 무관심하다는 비판을 받는다.

2004년, 실리콘밸리에서 창립된 페이스북은 미국 기술력의 상징이자 마이크로소프트와 같은 대표 기업으로 성장한다.

이라크전은 악몽으로 변한다. 미군과 민간인에 대한 테러가 늘고, 사망자와 부상자도 급속도로 많아진다.

전쟁, 이른바 '보잘것없는 승리'에 찬성하는 논리가 가진 허점이 점차 드러난다.

미국은 호전적인 데다 거짓말쟁이라고 여겨지며 국제적으로 인기가 바닥을 친다.

아부그라이브 교도소 내 이라크인 수감자들에 대한 미군의 학대 행위가 담긴 사진이 사회관계망에 공개되며 파문을 일으킨다.

군사적 비용 증가와 부자 감세로 인해 재정적자가 생겨난다. 무역수지 역시 적자를 기록한다.

미국인 수백만 명이 부동산 가격의 지속적 상승세가 개개인의 상환 능력을 보장해줄 거라 믿고 주택 구입을 위해 과도한 빚을 졌다.

테러에 가담했다고 의심받은 이들이 사법절차 없이 수감되는 쿠바의 관타나모 수용소는 전횡의 상징이 된다.

2008년 7월, 서브프라임 모기지 사태가 닥친다.

그러나 투기 거품이 꺼지면서 50만에 달하는 가구가 거리로 나앉게 된다.

투자은행 리먼브라더스가 파산한다.

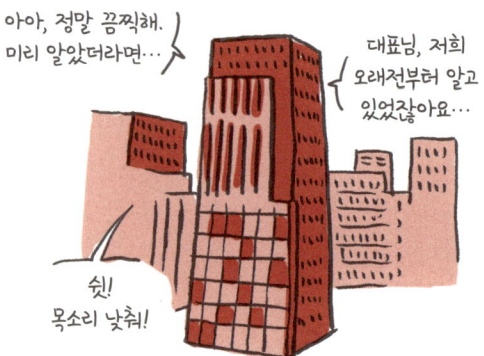

같은 해, 버락 오바마가 공화당 후보 존 매케인을 제치고 대통령에 당선된다. 생부가 케냐 출신인 오바마는 하와이와 인도네시아에서 백인 모친과 계부 아래서 자랐다.

제3부 이제 세계를 지배하는 건 서구가 아니다

오바마는 인종차별을 뛰어넘어 화해와 관용을 보여주는 미국의 상징이었다. 오바마의 대선 슬로건인 '그래, 할 수 있어'는 낙관주의와 강력한 의지를 담고 있다.

오바마는 조지 부시에 의해 극도로 악화한 대외관계 회복을 최우선 과제로 삼는다.

오바마는 '오바마니아(Obamania)'라는 신조어를 만들어내며 수많은 이들을 열광시킨다.

오바마는 임기 첫해를 마치기도 전에 노벨평화상을 수상한다. 실제 이루어낸 성과보다도 그가 앞으로 해낼 일에 대한 희망이 작용한 것이었다.

오바마는 과감한 개혁을 실시한다. 당시 미국인 4천만 명이 누리지 못하던 건강보험 혜택을 전 국민에게 확대하는 오바마케어가 그것이다.

또한 쿠바와 외교관계를 회복하고…

…이란 핵합의를 체결하기에 이른다.

그리고 1959년과 1979년에 일어난 갈등에 비로소 종지부를 찍는다.

오바마는 2015년 파리기후협약에 조인하고, 아프가니스탄과 이라크에 파병된 미군을 철수하기 시작한다.

그러면서도 지하디스트의 은신처인 예멘과 파키스탄에서 드론 공격을 늘렸다.

2011년 5월, 미군의 공습으로 파키스탄에서 빈라덴이 사망한다.

2013년 6월, 애널리스트 에드워드 스노든이 세계의 온라인 감시 및 커뮤니케이션 수단 체계를 폭로한다.

미국 국가안보국(NSA)과 중앙정보부(CIA)가 유럽 지도자들의 개인 휴대전화를 도청했다는 사실이 드러난다.

오바마는 사회적 불평등과 중산층의 박탈감을 줄이는 데 실패한다.

계속되는 아프리카계 미국인에 대한 경찰력의 실책이 보여주듯, 근본적인 문제는 전혀 해결되지 않았고 폭동이 주기적으로 발생한다.

여성, 소수인종, 성소수자들의 권리 인정에 적대적인 극우세력의 힘이 세진다.

제3부 이제 세계를 지배하는 건 서구가 아니다

2016년 대선에서는 노련한 힐러리 클린턴과…

…부동산 억만장자이자 TV 스타 도널드 트럼프가 맞붙는다. 무능하다는 평가를 받던 트럼프는 인종차별에 성차별적인 언사를 서슴지 않았다.

자기 자신과 능력을 과신한 힐러리 클린턴은 서민 유권자들을 외면한다.

한편 도널드 트럼프는 상류층에 대항하는 서민의 수호자를 자처하고 나선다.

2016년 대선은 두 진영으로 극명하게 나뉜 미국을 여실히 드러냈다.

트럼프와 그 지지자들은 동맹국을 비롯한 다른 국가들이 미국을 희생시켜 세계화로부터 이득을 취했다고 생각했다.

따라서 그들이 미국으로부터 빼앗아간 걸 돌려줘야 한다는 것이다.

트럼프는 미국의 일방주의를 극에 달하게 했다.

제3부 이제 세계를 지배하는 건 서구가 아니다

트럼프는 중국을 희생양으로 삼으려 노력하며, 코로나19의 심각성을 외면해왔다.

대미 무역 흑자 3천억~4천억 달러를 기록한 중국에 대해 트럼프는 무역전쟁을 벌이고자 한다.

코로나19로 인한 팬데믹은 미국의 보건 및 경제 분야에 극심한 타격을 준다.

오바마 행정부의 부통령이던 조 바이든은 여러 갈등과 트럼프 측의 가짜 뉴스로 점철된 캠페인에도 불구하고 2020년 대통령에 당선된다.

트럼프는 자신의 패배를 인정하지 않는다.

흥분한 트럼프 지지자들은 2021년 1월 6일, 바이든 대통령의 당선 인증이 있는 날 국회의사당을 점거하려 시도한다.

바이든은 2021년 7월 아프가니스탄 내 미군 철수를 표명한다.

전쟁으로 미국에 발생한 비용은 2조 달러(아프가니스탄의 GDP는 200억 달러로 추정)로 추산된다.

아프가니스탄 정권은 탈레반 수중으로 들어간다.

미군의 철수는 꼭 패잔병의 탈주처럼 보였다.

1992년 체결된 마스트리흐트 조약은 유럽연합 형성에 박차를 가하는 계기가 된다.

하지만 마스트리흐트 조약은 유럽연합에 매우 호의적인 프랑스에서조차 국민투표에서 가까스로 통과된다.

유럽연합 설립에 회의적인 서민층과 이를 지지하는 대다수 상류층 사이에 골이 깊어진다.

조약의 엄격한 규칙, 독일의 재통일 비용, 동구권으로의 유럽 확장은 유럽 경제에 큰 부담이 된다. 실업률은 여전히 높았다.

1995년, 과거 중립국이었던 3개국(핀란드, 스웨덴, 오스트리아)이 유럽연합에 가입한다.

1999년 1월 1일, 유로화가 유럽연합 11개국의 단일 통화로 도입된다. 남부 국가들의 경제는 북부보다 취약하다고 평가받는다.

2004년 5월 1일, 과거 공산주의 8개국(에스토니아, 리투아니아, 라트비아, 체코, 슬로바키아, 폴란드, 헝가리, 슬로베니아)과 지중해 2개 섬 국가(몰타, 키프로스)가 유럽연합에 가입한다.

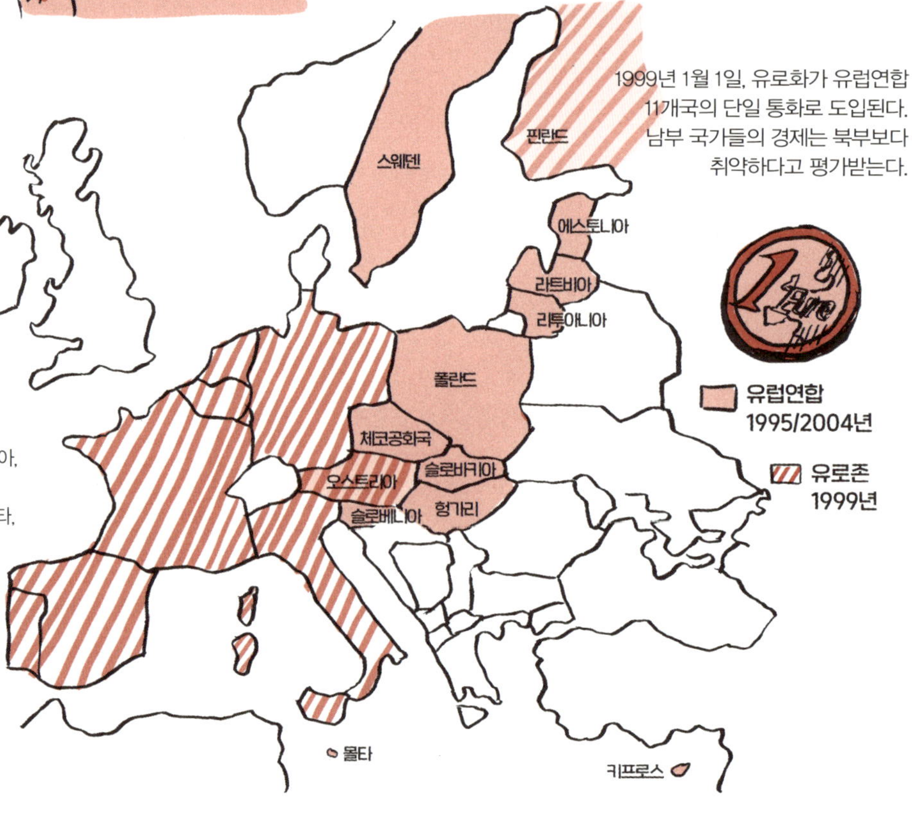

▨ 유럽연합 1995/2004년

▨ 유로존 1999년

제3부 이제 세계를 지배하는 건 서구가 아니다

2005년, 유럽연합 헌법안이 상정되지만 프랑스와 네덜란드는 국민투표로 이를 부결한다.

불가리아와 루마니아는 2007년, 크로아티아는 2013년에 유럽연합에 가입한다.

리스본 조약은 2년 6개월 임기의 유럽위원회 의장과 외교정책의 고위 대표를 정했다.

이솝우화 속 '개미'로 여겨지는 북유럽과 '베짱이'로 여겨지는 남유럽 사이…

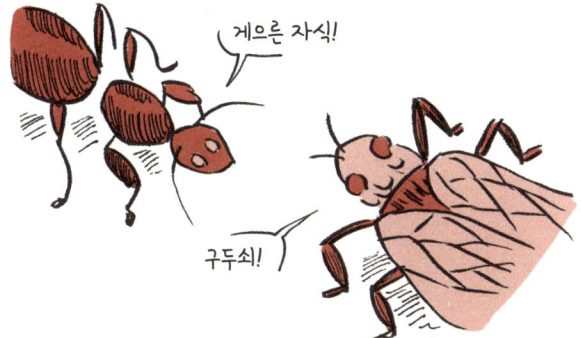

시민들이 원하는 바와 거리가 먼 데다, 사회·경제적 기대를 충족해주지 못한다는 이유로 유럽연합에 실망감이 컸다.

2009년 12월 1일, 유럽연합 헌법안의 대부분을 계승하는 리스본 조약이 발효된다.

많은 유럽인은 유럽연합의 확장이 지나치게 성급했고 그 규모도 지나치게 컸다고 여겼다. 2014년과 2019년의 유럽의회 선거에서는 극우 성향이 두드러졌고 기권표가 많았다.

…또한 친미 성향의 동유럽과 전략적으로 더욱 자립하려는 서유럽 사이에 분열이 존재했다.

동구권 국가들은 일반적으로 여성이나 동성애자의 인권 수호에 반감을 품었고, 이민자와 이슬람에 대해서는 더욱 적대적이었다.

국내 정세를 이유로 들면서, 영국 총리는 영국의 유럽연합 잔존과 탈퇴에 관한 국민투표를 실시하자고 제안한다.

대다수 국민은 탈퇴(브렉시트)를 원했다.

영국 총리가 세 차례 바뀔 동안, 영국과 유럽연합 사이에 까다로운 협상이 계속된다.

2021년 1월 1일, 브렉시트가 발효된다.

코로나19 위기가 발발하고, 유럽은 대응에 어려움을 겪는다.

뒤이어 유럽은 경제 활성화를 위해 7천500억 유로를 쏟아붓는 과감한 정책을 수립한다.

이를 통해, 유럽은 진정한 연대의식을 증명하고, 공동의 빚에 대한 거부감을 깨부순다.

NATO는 그것을 탄생하게 만든 위협으로부터 살아남았다. 소련은 사라졌지만 NATO의 존재 이유는 사라지기는커녕 더욱 강화된다.

유럽의 동맹국들은 불확실한 미래를 대비하려면 NATO를 보존하는 편이 보다 신중하다고 판단한다.

제3부 이제 세계를 지배하는 건 서구가 아니다

역사적으로 모스크바를 두려워했던 바르샤바조약 구회원국들은 오로지 미국(즉 NATO)만이 그들의 안전을 보장해줄 수 있으리라 여겼다.

같은 해, NATO는 역사상 처음으로 유고슬라비아에 대항한 전쟁에 참전한다. 유고슬라비아의 위임통치를 받은 코소보의 인구 대다수는 무슬림이었다.

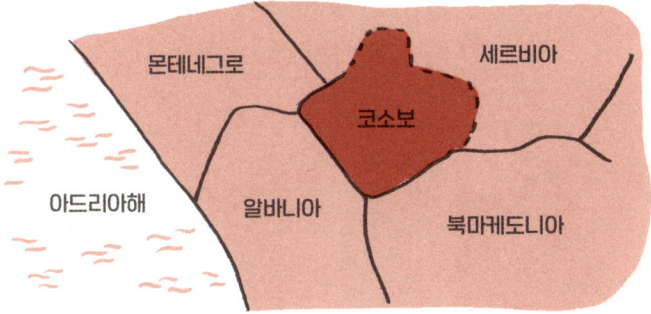

NATO는 러시아와 중국의 반대에도 불구하고 베오그라드를 폭격하기에 이른다.

발트 3국, 슬로바키아, 슬로베니아, 불가리아, 루마니아의 NATO 가입은 2004년까지 이어진다.

1999년, 폴란드와 체코, 헝가리가 NATO에 가입한다.

NATO는 유엔의 허락을 얻지 못했다. 따라서 참전의 명분은 정당방위가 아니라 지역 내 인종 청소 정책 근절이었다.

78일의 전쟁 끝에, 슬로보단 밀로셰비치 유고슬라비아 대통령이 항복을 선언한다.

마침내 2009년 크로아티아와 알바니아, 2017년 몬테네그로, 2020년 북마케도니아까지 NATO에 가입한다.

2009년, 니콜라 사르코지 프랑스 대통령은 드골주의를 표방하면서도, 프랑스를 NATO에 재가입시키기로 한다.

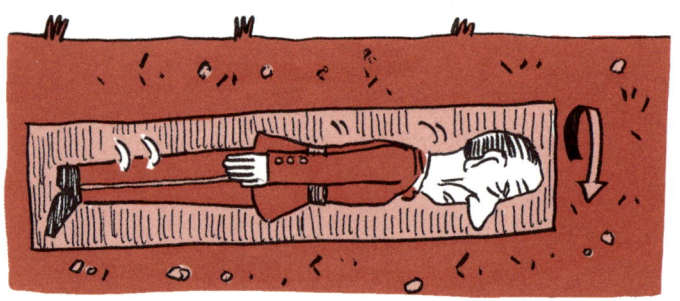

오바마의 높은 인기 덕분에 이러한 결정이 수월했다.

2014년, 러시아의 크림반도 합병 이후 유럽연합 회원국들은 모스크바에 제재를 가한다.

냉전은 끝났지만 러시아와 유럽연합은 여전히 충돌하고 있었다.

오바마의 뒤를 이어 대통령이 된 트럼프는 NATO를 구식이라고 평가했다. 미국의 무역수지 적자를 구실로 유럽연합을 적으로 설정한 것이다.

전략적으로 더욱 자립하기 위해 고심하던 유럽 내 NATO 지지국들은 불안해진다.

바이든은 유럽과 미국의 관계를 개선하기 위해 계속해서 '미국이 돌아왔다'고 부르짖으며 NATO를 찬양했다.

바이든은 유럽의 비위를 맞추면서 미국의 전략적 우선 과제인 중국과의 대결에서 유럽의 참여를 이끌어내려 한다.

제3부 이제 세계를 지배하는 건 서구가 아니다

부시는 걸프전 이후 아랍 국가들의 지원을 대가로 팔레스타인 문제를 진척시키기로 약속한다.

그는 팔레스타인 영토에 대한 식민 지배를 이어가고자 했던 이스라엘의 우파 이츠하크 샤미르 정권과 대립한다.

노동당의 이츠하크 라빈이 1992년 이스라엘 총리가 된다. 장군 출신인 라빈은 매파와 비슷한 존재로 여겨진다.

1987년부터 팔레스타인 청년들은 이스라엘에 대항하는 운동을 조직한다. 이것이 최초의 '인티파다'이다.

라빈은 팔레스타인 국민과 평화를 유지하는 것이 이스라엘에 이익이라 여기면서도 탄압을 이어나가 이스라엘의 국가적 이미지는 추락한다.

1992년 9월, 오슬로에서 비밀 협상이 시작된다.

1993년 9월 13일, 빌 클린턴 미국 대통령의 중재로 백악관에서 야세르 아라파트와 이츠하크 라빈 사이에 협정이 체결된다.

팔레스타인해방기구(PLO)는 이스라엘을 국가로 인정하고, 이스라엘은 PLO를 팔레스타인 민족의 대표로 인정한다.

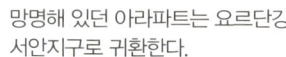

낙관주의가 불어닥치고, 사람들은 갈등이 끝났다고 생각한다.

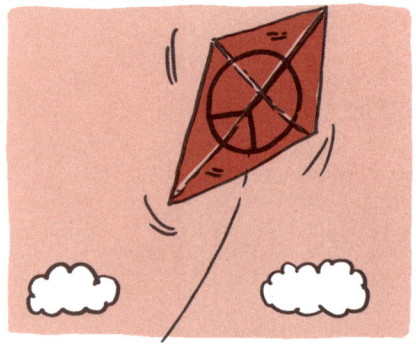

망명해 있던 아라파트는 요르단강 서안지구로 귀환한다.

팔레스타인 아이들이 이스라엘군 병사들에게 꽃을 선물하는 장면이 전파를 탄다.

그러나 팔레스타인 이슬람 과격단체 하마스가 오슬로 협상을 비난하면서 테러를 일으킨다.

이스라엘 우파는 배신감에 분노하며 똑같이 대갚음해준다.

극단주의자들은 라빈을 무려 나치 유니폼을 입은 모습으로 선전한다.

1995년 11월 4일, 평화를 지지하는 집회 도중에 이츠하크 라빈이 이스라엘 극단주의자에 의해 암살된다.

라빈의 적수인 베냐민 네타냐후는 이후 노동당의 에후드 바라크에 의해 교체될 때까지 총리직을 수행한다.

빌 클린턴은 자신의 임기 중에 협상을 수립하기 위해 에후드 바라크와 야세르 아라파트를 2000년 7월 캠프 데이비드에 불러 모은다.

협상은 결렬된다. 이스라엘은 (당초 팔레스타인에 할양된) 동예루살렘 전 지역과 서안지구의 10%를 지키고자 했고, 팔레스타인은 이를 받아들일 수 없었다.

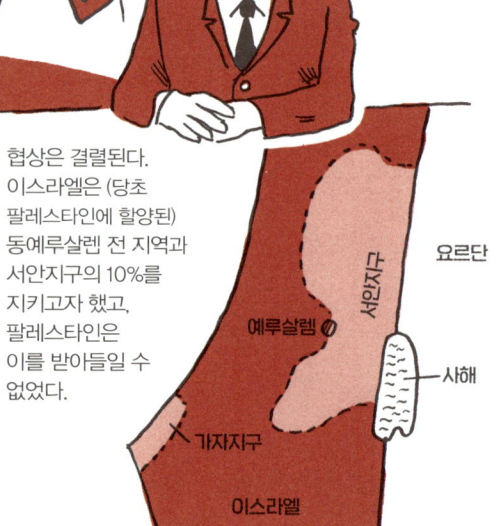

제3부 이제 세계를 지배하는 건 서구가 아니다

이런 가운데 2000년 9월 28일, 당시 이스라엘 보수당 리쿠드 당수인 아리엘 샤론이 이슬람 회교사원의 광장을 방문한다.

민중봉기가 일어나고 팔레스타인 측 사망자가 여럿 발생한다. 이것이 두 번째 인티파다이다.

하마스는 테러를 계속하고, 이스라엘은 더욱 거센 탄압으로 응수한다.

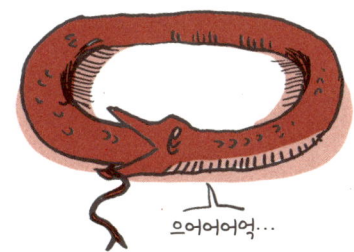

샤론은 2001년 2월 총리로 당선된다.

9·11테러 이후, 샤론 총리는 테러리즘과의 투쟁에서 선두에 선다.

오슬로 협정은 막다른 길에 다다른다.

아라파트는 2004년 11월에 사망한다. 마흐무드 압바스가 2005년 1월 그를 대신해 대통령에 오른다.

샤론 총리는 압바스 대통령과의 협상을 거부한다.

2005년 여름, 샤론 총리는 이스라엘인 7천 명과 팔레스타인인 140만 명이 대립하고 있는 가자지구에서 자국민을 일방적으로 철수하기로 결정한다.

이스라엘과의 협상에 늘 반대해왔던 하마스는 외교적 수단의 실패를 알린다.

하마스는 2006년 1월 팔레스타인 총선에서 승리하지만 미국과 유럽연합은 이들을 여전히 인정하지 않는다.

베냐민 네타냐후는 2009년 총리가 되어 2021년까지 장기 집권한다.

2009년, 2014년, 2021년, 이스라엘 전투기가 하마스의 로켓 발사에 대응해 전면 봉쇄당한 가자지구에 폭탄을 투하한다.

버락 오바마는 대통령이 된 이후, 이스라엘의 서안지구 점령을 막으려 노력했지만 허사였다.

반면 도널드 트럼프는 이스라엘의 서안지구 점령을 인정한다.

30년 만에 팔레스타인 영토(동예루살렘 포함) 내에 정착한 이스라엘 인구가 5배로 증가한다.

이스라엘 사회는 점차 우편향되고, 평화에 대한 희망은 점차 희미해진다.

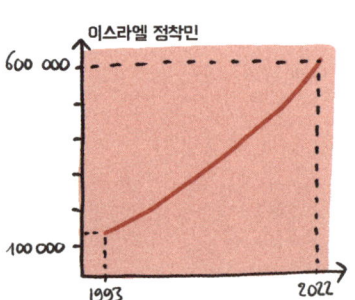

이스라엘은 아랍에미리트에 의해 국가로 인정받는 등 거대한 외교 성과를 거둔다.

그리고 국제사회는 협정을 이루어내기 위해 실제로 어떠한 압력도 가하지 않았다.

팔레스타인 국민의 상황은 세계인에게 큰 충격을 주었고 점차 여론이 움직인다.

제3부 이제 세계를 지배하는 건 서구가 아니다

21세기 초, 아랍 국가에서 민주주의는 발전하지 않았다.

이슬람 테러단체와 이스라엘에 대한 투쟁은 안보력을 발전시키기 위한 핑계로 쓰였다. 이에 대한 모든 이의 제기는 금지되었고, 서구 국가의 암묵적인 지원이 합세했다.

하지만 교육의 발전과 SNS 및 TV 위성채널 출현은 정부가 더는 정보를 독점하지 못하게 만들었다.

이러한 변화 덕분에 부패와 불평등이 수면 위로 드러난다.

튀니지에서 일어난 민중의 평화적 항거로, 1987년 이후 정권에 오른 제인 엘아비디네 벤 알리 대통령이 2011년 1월 축출된다.

그로부터 1개월이 지난 뒤, 미국과 끈끈한 동맹 관계를 유지하던 호스니 무바라크 이집트 대통령은 27년간의 집권 끝에 사임한다.

어떤 이들은 도미노 효과에 의해 다른 정권들이 차례로 무너질 거라 여겼다.

시아파가 대다수를 차지하는 바레인에서 수니파 정권은 억압을 통해 권력을 유지하려 사우디아라비아군에 도움을 요청한다.

만화로 보는 결정적 세계사

리비아에서는 반란을 무참히 진압하겠다는 무아마르 카다피의 협박이 있고 나서, 유엔이 대부분 프랑스와 영국 군사로 이루어진 방위군을 수립한다.

하지만 프랑스군과 영국군은 주어진 지시(러시아와 중국을 포함한 5개국이 기권한)에서 벗어나 임무를 확대하고 2011년 10월 카다피를 끌어내리기에 이른다.

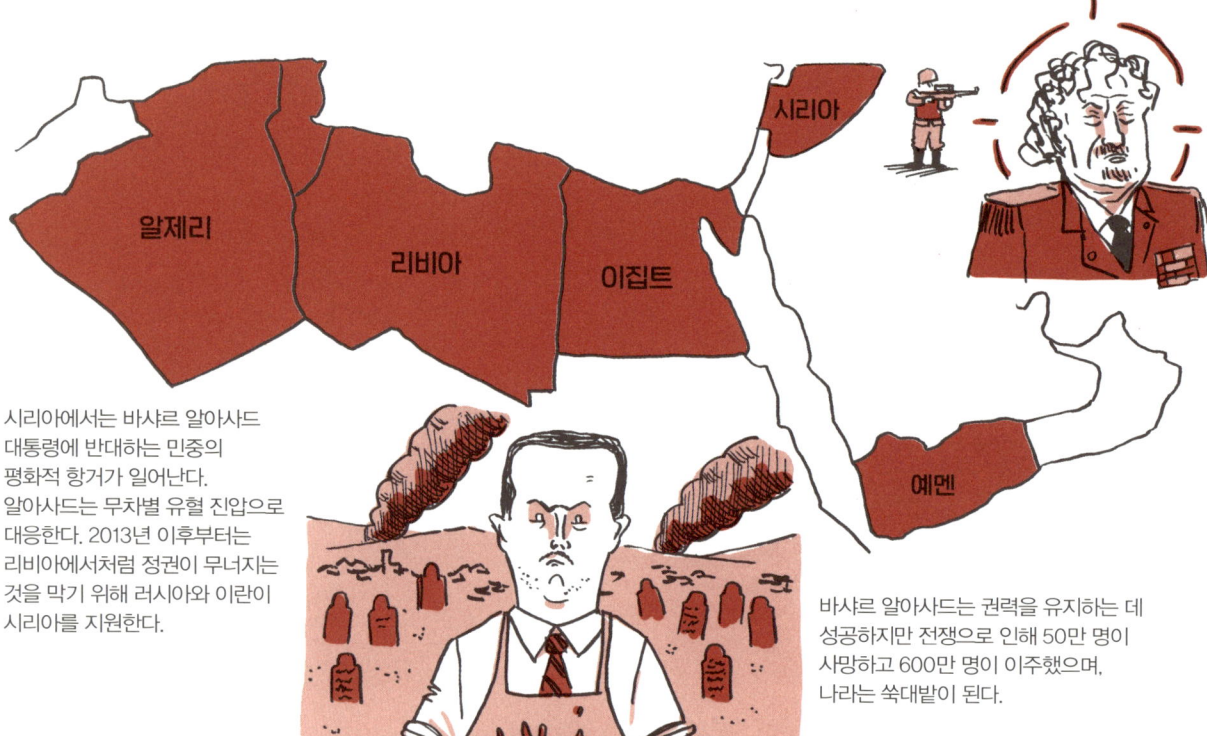

시리아에서는 바샤르 알아사드 대통령에 반대하는 민중의 평화적 항거가 일어난다. 알아사드는 무차별 유혈 진압으로 대응한다. 2013년 이후부터는 리비아에서처럼 정권이 무너지는 것을 막기 위해 러시아와 이란이 시리아를 지원한다.

바샤르 알아사드는 권력을 유지하는 데 성공하지만 전쟁으로 인해 50만 명이 사망하고 600만 명이 이주했으며, 나라는 쑥대밭이 된다.

이집트에서는 최초의 자유선거로 무슬림형제단의 후보 무함마드 무르시가 2012년 이집트의 대통령이 된다.

1990년대 내전으로 인한 트라우마에 시달리던 알제리는 2019년까지 움직이지 않는다. 압델라지즈 부테플리카 대통령은 몸이 불편했음에도 불구하고 5선에 나선다.

하지만 2013년 7월, 군부 쿠데타가 일어나 탄핵당하고, 무바라크보다 훨씬 더 억압적인 정권이 등장한다. 서구 국가들은 아무런 대응도 하지 않는다.

압델 파타 엘시시
2014년부터 이집트 대통령

알제리 민중저항운동 히라크가 부테플리카 대통령을 끌어내리지만, 군부는 대통령의 공석에도 불구하고 권력을 내려놓지 않는다.

예멘에서는 외국의 군사적 개입(사우디아라비아, 아랍에미리트, 이란)을 배경에 둔 내전이 발발해, 민간인에 대한 폭격을 비롯해 인도주의 및 보건적 측면에서 재앙이 일어난다.

2021년, 유엔에 따르면 예멘전쟁으로 37만 7천여 명의 희생자가 발생했는데, 희생자 대다수가 전쟁으로 야기된 기근 및 식수 부족 탓에 사망한 것으로 추정된다.

제3부 이제 세계를 지배하는 건 서구가 아니다

이라크에서는 1991년 걸프전 이후, 불법 핵무기 제조 계획이 드러난다.

의료제품을 포함한 엄격한 금수조치가 시행된다.

금수조치로 인해 고통받는 것은 집권층이 아니라 국민이었다.
1991년과 2003년 사이 50만 명이 사망하는데, 이들 대부분이 민간인이었다.

미국의 신보수주의 세력은 어쩔 수 없이 근동에서 민주주의를 확립하고자 한다. 그것만이 이 지역을 안정화할 유일한 수단이라 여긴 것이다.

9·11 테러는 그들에게 좋은 구실이 되어주었다.

이들은 사담 후세인과 알카에다 사이에 '존재하지 않는' 관계를 만들어내고…

…핵 테러 가능성을 언급하며 미국 국민을 두려움에 떨게 만든다.

대부분의 국가는 정당화되지 않는 이라크 침략과 거짓 주장이 오히려 테러리즘을 키우진 않을까 우려한다.

2003년 3월 19일 전쟁이 일어나고 4월 9일에 미국의 손쉬운 승리로 종결된다. 정권을 끌어내리기 위해 미국은 이라크의 모든 기관을 해체한다.

이라크 국민에 대한 몰이해는 민심을 잃게 만든다.

이라크는 혼란에 휩싸이고, 수많은 테러로 미국인이 희생된다. 상황은 답보 상태에 빠진다.

숙적인 사담 후세인을 제거하고 이라크 다수파인 시아파를 권좌에 올림으로써, 이라크전쟁은 지역 내에서 이란의 입지를 공고히 하는 데 기여한다.

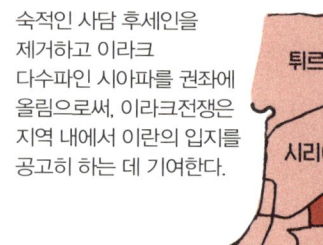

하지만 이란은 핵무기를 개발하려 한다는 의심을 산다.

2002년 이란과 이라크, 북한을 악의 축으로 설정했던 조지 W. 부시 대통령은 빌 클린턴 전 대통령의 임기 중 시행되던 친화정책에 종지부를 찍었다.

2005년, 마무드 아마디네자드가 미국과 이스라엘에 적대적인 발언과 함께 이란 대통령에 당선된다.

유럽 국가들은 '중대한 협상'을 유지하려고 노력한다.

미국과 이라크 관계는 진전이 없었고, 미국 매파와 이스라엘이 요구하는 이란과의 전쟁 가능성은 희박해진다.

제3부 이제 세계를 지배하는 건 서구가 아니다

버락 오바마는 이란과 대화를 재개하길 원했다.

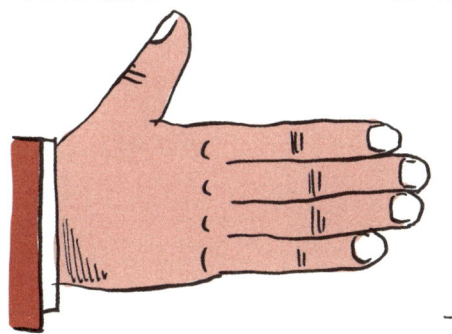

2009년 부정선거로 재선에 성공한 아마디네자드는 이를 거부한다.

저 신앙심도 없는 것들과 진흙탕 속으로 같이 들어갈 수는 없지.

하지만 아마디네자드의 뒤를 이어 2013년 당선된 하산 로하니 대통령은 미국이 내민 손을 잡는다.

이란이 금수조치로 인한 경제 위기를 끝낼 유일한 방법은 협상입니다.

하산 로하니

중국, 러시아, 미국, 영국, 프랑스, 독일은 2015년 7월 14일 이란과 협상을 체결하고, 이란의 핵시설을 점검하기로 한다.

이제야 해결되겠군…

이란의 핵이라는 유령에서 벗어날 수 있겠어…

…그걸 막기 위한 전쟁에서도 말이지!

이란은 사우디아라비아와 아랍에미리트에 실존적인 위협이었다. 이들은 공공연히 이란 정권의 몰락을 바랐다.

시리아, 레바논, 예멘을 보세요…

온 나라에 이란의 공범과 그 세력들이 퍼져 있죠!

살만 왕 (사우디아라비아)

2017년 6월, 사우디아라비아와 아랍에미리트는 이란과 관계를 유지했다는 이유로 카타르에 봉쇄령을 선포한다.

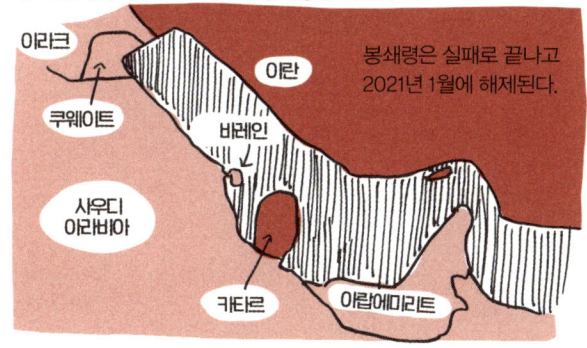

봉쇄령은 실패로 끝나고 2021년 1월에 해제된다.

대통령으로 당선된 도널드 트럼프는 이란과의 협상을 비난했고 2018년에 협상을 파기한다.

오바마에 또 한 방 먹였고!

협상은 이란에 어떠한 경제적 발전도 가져다주지 못했고, 이란의 극단주의 세력은 다시 힘을 얻어 탄압의 정도를 강화했다. 2020년 대통령에 당선된 조 바이든은 그럼에도 불구하고 협상을 재개하고자 했다.

협상안을 타결하기까지 4년이나 걸렸습니다…

…제 후임 대통령이 협상을 깨지 않길 바라야겠죠!

에브라힘 라이시
2021년 대통령 당선

튀르키예에서는 이슬람 보수정당인 정의개발당(AKP)이 2002년 11월 집권한다.

2003년 3월, 레제프 타이이프 에르도안이 총리가 된다.

저는 튀르키예의 공적 영역에서 군대의 지위를 제한하고자 합니다…

…그리고 이슬람교에 공간을 돌려주고 그 존재감을 드높이고자 합니다.

에르도안은 미군이 이라크전쟁을 빌미로 튀르키예 영토를 지나가는 것을 거부했는데, 이는 쿠르디스탄의 분리 독립 요구에 영향을 주지 않게 하기 위해서였다.

2000년부터 2010년까지, 튀르키예의 GDP는 3.5배, 1인당 GDP는 3배 증가하고, 세계에서 튀르키예의 GDP가 차지하는 비중은 0.6%에서 1.16%까지 늘어난다.

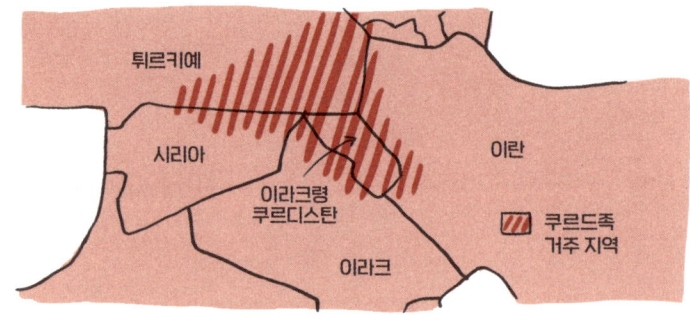

1963년 이후 튀르키예는 유럽연합 가입 의사를 표명해왔다.

아르메니아인 집단 학살에 대한 부인, 튀르키예의 적은 인구, 쿠르드족 문제가 대두되었다.

2005년에 처음 협상을 시작했지만…

…아직까지 제자리걸음이군…

하지만 그보다도…

…튀르키예는 무슬림 국가잖소!

니콜라 사르코지 프랑스 대통령

에르도안은 쿠르드족의 문화적 권리 표명을 금지하고, 2010년과 2012년에 PKK(쿠르디스탄 노동자당)와 협상을 시작한다.

하지만 튀르키예는 혹시 모를 쿠르드 국가의 탄생을 강박적으로 우려했다. 튀르키예에서 쿠르디스탄이 분리 독립하면 국가가 파탄에 이를 수 있기 때문이었다.

그래서, 요구하는 게 뭡니까?

…적어두지요.

다시 말해봐, '아주 괜찮은 쿠르드 레스토랑'이라고?

아뇨, 제 말은 튀르키예 레스토랑이요!

제3부 이제 세계를 지배하는 건 서구가 아니다

2011년, 아랍 국가들과 마찬가지로 튀르키예는 바샤르 알아사드에 대항하는 시리아 반군을 지원한다.

쿠르드 민병대 인민수호부대(YPG)는 다에시*와의 투쟁에서 중대한 역할을 맡고 있었다.

*이슬람국가(IS)의 또 다른 명칭

하지만 튀르키예는 시리아의 쿠르드족이 장차 자치권을 얻고, 이것이 선례가 되어 튀르키예의 쿠르드족에게도 영향을 줄까 봐 두려워한다.

튀르키예는 YPG에 대항해 여러 번 군사작전을 펼친다.

시리아 문제, 문을 단단히 걸어 잠근 유럽연합, 이슬람 세계 지배에 대한 욕망 앞에 에르도안은 민족주의적 정책을 펼친다. 튀르키예는 NATO의 회원국이었는데도 모스크바와 닮아간다.

2016년 7월 쿠데타 시도 이후 더욱 독재적인 방향으로 나아간 에르도안은 튀르키예의 자유를 극도로 억압한다.

쿠르디스탄에서는 미약하게나마 투쟁이 일어난다.

만화로 보는 결정적 세계사

1992년부터 보리스 옐친은 자유주의라는 이름으로 러시아 경제를 빠르게 민영화한다.

이는 이중 재앙을 불러온다. 민영화는 권력의 편(과두정치가)에 이익을 가져다주었고…

…사회적 혼란으로 GDP는 1991년과 2000년 사이 반 토막 났다. 1990년 69세였던 기대수명은 1994년에 64세로 줄어든다.

1993년 9월, 옐친은 자기 말을 잘 듣지 않던 의회를 해산한다.

대부분 공산당이던 의원들은 의회에 갇힌다. 옐친은 그곳에 군대를 보낸다. 기습으로 143명이 사망한다.

서방 세계는 공산주의를 종결한 옐친의 심기를 거스르지 않기 위해 이를 묵인한다.

경제적 충격과 의회에 대한 공격을 목격하며, 러시아 국민은 시장경제와 자유주의, 의회주의에 대한 신뢰를 상실한다.

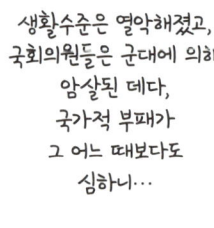

무슬림 인구가 대다수를 차지하는 체첸공화국이 1994년 소련의 붕괴 이후 독립을 요구한다.

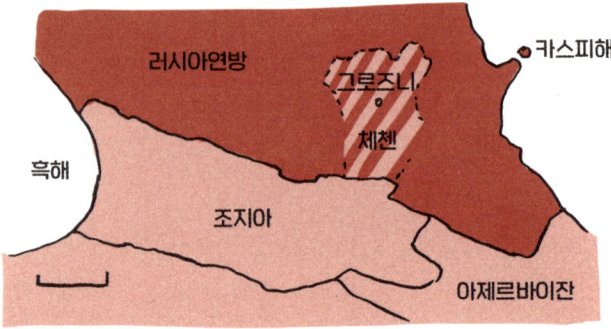

제3부 이제 세계를 지배하는 건 서구가 아니다

러시아는 체첸공화국의 독립 의지를 꺾기 위해 군사적으로 개입하고, 체첸공화국이 테러를 일으켰다고 비난한다.

전투는 수많은 희생자를 낳았고, 잔혹한 탄압이 자행되었다.
1996년이 되어서야 끝난 전쟁은 10만 명에 달하는 사망자를 냈다.

1997년, 러시아는 G7에 합류하며 G8의 일원이 된다.

이는 러시아에 대한 선의의 표현이었다. 러시아는 전략적으로는 다루기 쉬워졌으나 GDP는 네덜란드와 비슷해졌다. 이들의 목표는 러시아를 서방 세계에 단단히 묶어두는 것이었다.

1999년, 러시아는 체첸공화국에서 다시 전쟁을 일으킨다. 러시아군은 민간인을 폭격하고 잔혹한 탄압을 자행한다.

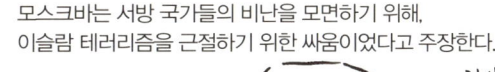

모스크바는 서방 국가들의 비난을 모면하기 위해, 이슬람 테러리즘을 근절하기 위한 싸움이었다고 주장한다.

전쟁을 주도한 것은 1998년부터 임시 총리가 된 전직 러시아연방보안국(FSB*) 국장 블라디미르 푸틴이었다.

1999년 12월, 옐친이 대통령직에서 물러나고 푸틴이 그 뒤를 잇는다. 2000년 3월 선거에서 공산당 상대 후보는 득표율 30%에 그친 반면, 푸틴은 53%라는 높은 득표율로 승리한다.

*소련 정보기관 KGB의 후신

푸틴은 과두정치가들과 조약을 맺는다.

2001년 7월, 스탈린과 마오쩌둥 사이에 체결되었던 1950년의 조약 이후 처음으로 중국과 친선 조약이 조인된다.

군사적 연합은 없었지만, 러시아와 중국은 세계의 전략적 균형을 유지하기 위해 노력하기로 한다. 여기에는 단극의 세계라는 미국의 관점에 대한 무언의 비판이 담겨 있었다.

체첸의 위기는 수그러들 기미를 보이지 않는다. 2002년 10월, 모스크바의 한 극장에서 체첸 특공대가 인질극을 벌이고, 이를 진압하기 위해 보안대가 개입한 후 128명이 목숨을 잃는 사건이 벌어진다.

2004년 9월, 오세티야의 한 초등학교에서 벌어진 또 다른 인질극이 330명의 사망자를 낳는다. 그중 186명이 아이들이었다.

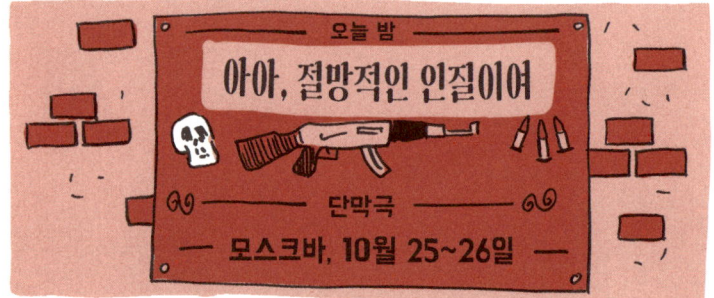

2005년 4월, 러시아 대통령으로서 최초로 이스라엘을 방문한 푸틴은 아리엘 샤론에게 이렇게 선포한다…

러시아의 독재정권은 조직적으로 강화된다. 2002년, 러시아는 텔레비전 채널에까지 손을 뻗친다.

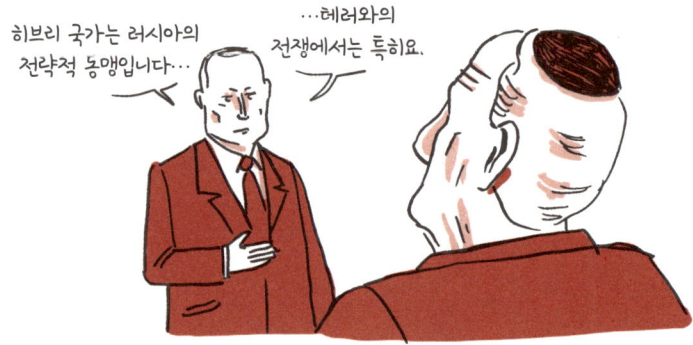

제3부 이제 세계를 지배하는 건 서구가 아니다

2004년부터는 지역 관료와 의장이 보통선거로 당선되지 않고, 대통령의 제안으로 임명된다.

그러나 푸틴의 판단력은 흐려지지 않는다.

2003년, 러시아는 이라크전쟁에 반대했다. 2007년 열린 뮌헨 안보회의에서 푸틴은 미국의 미사일 방어 체계와 일방주의를 비난한다.

2006년 10월, 체첸공화국 위기를 조사하던 탐사기자 안나 폴릿콥스카야가 러시아에 의해 암살된다.

같은 해 11월, 런던으로 망명한 전직 러시아 첩보원 알렉산드르 리트비넨코가 독살당한다.

2008년, 러시아 헌법으로 3선 진출이 무마된 푸틴은 총리였던 드미트리 메드베데프에게 총리 자리를 건네받고, 메드베데프는 대통령이 된다.

조지아는 서구권과 가까워진다. 푸틴은 조지아의 두 지역, 압하지야와 남오세티야의 분리 독립을 지지한다.

2008년 8월 8일, 조지아 대통령은 두 지역을 수복하기 위해 군사 작전을 펼친다. 러시아군이 개입하고 승리를 거둔다. 유럽은 니콜라 사르코지 프랑스 대통령의 주도로 갈등 해결책을 찾도록 중재한다.

2009년 6월 브릭(브라질, 러시아, 인도, 중국)의 첫 번째 회담이 러시아에서 열린다.

2011년 메드베데프는 유엔 결의안 1973호에 거부권을 행사하지 않는다.

푸틴은 이를 경계한다.

하지만 이들의 임무는 중도 변화를 겪는다. 러시아의 동맹이던 카다피 제거를 위해서였다.

2012년, 푸틴은 64%의 득표율로 6년 임기의 대통령 재임에 성공한다.

러시아 국민은 여러 이유로 푸틴의 독재를 용인한다.

러시아의 명예는 회복되어 2014년에는 동계올림픽, 2018년에는 월드컵을 개최하기에 이른다.

우크라이나에서는 푸틴의 압박을 받은 빅토르 야누코비치 대통령이 2013년 12월 유럽연합 가입에 관한 논의 중단을 선언한다. 우크라이나의 유럽연합 가입은 러시아와의 단절을 뜻했다.

제3부 이제 세계를 지배하는 건 서구가 아니다

유럽연합과의 친화를 통해 부패와 빈곤을 종식할 거라 믿었던 수많은 우크라이나 국민은 유로마이단이라 불리는 키이우 독립광장에 집결한다.

친러주의자들과 미국의 지지를 받는 친서방주의자들이 서로 대립하고, 유럽의 중재로 합의점을 찾는다.

2014년 2월 22일, 야누코비치 대통령이 망명한다. 친서방 노선의 혁명이 이루어낸 결과였다.

연이어 모스크바의 원조로 크림반도에서 국민투표가 조직된다. 국민의 96%가 크림반도의 러시아 합병에 찬성했고, 이는 빠르게 인가된다.

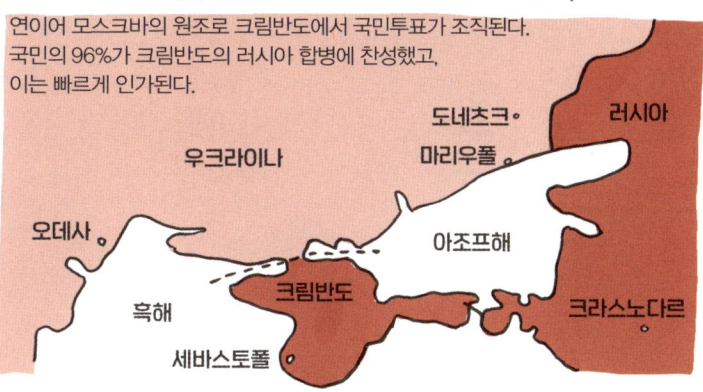

주민 대다수가 러시아 국민이고 세바스토폴의 러시아 해군 함대가 있는 크림반도는 1954년 흐루쇼프에 의해 우크라이나에 병합되었다.

서구 국가들과 우크라이나는 이를 우크라이나의 영토 보전에 대한 위반이라 비난하며, 러시아에 대한 국제사회의 제재를 선언한다.

러시아에서 푸틴의 인기는 지지율 80%를 기록하며 하늘을 찌른다.

우크라이나 동부 러시아어권 인구는 우크라이나 정부가 자신들의 권리를 제한할 것을 걱정하고, 모스크바의 지원을 받아 분리 독립 전쟁을 일으킨다.

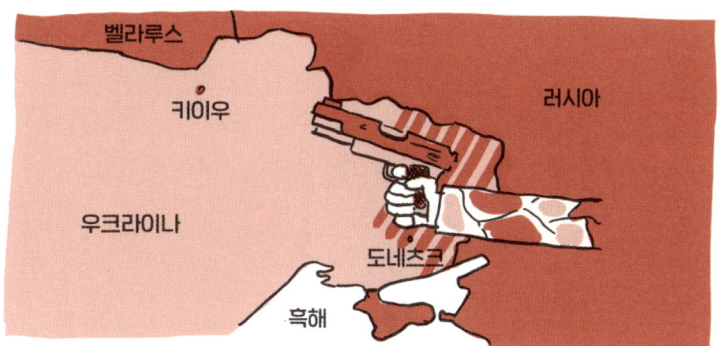

프랑스와 독일은 중재에 나서고 휴전을 이끌어낸다. 휴전은 완전히 지켜지진 않았지만 우크라이나와 러시아 사이의 전면전은 피하게 해주었다.

푸틴은 에너지 부문 동반자 협정을 맺으며 중국과의 우호관계를 강화한다.

푸틴은 2014년 7월 브라질의 포르탈레자에서 브릭스(남아프리카공화국 합류) 회담에 참가한다.

2015년 9월 이후 러시아는 바샤르 알아사드 정권을 지지하고, 정권의 몰락을 저지하기 위해 시리아에 군사적으로 개입한다.

러시아 전투기가 민간지역을 폭격한다.

1990년대에 서구 국가들이 자국을 모욕했다고 여긴 러시아 국민은 푸틴이 러시아의 지도자가 된 데 감사한다.

푸틴은 2018년 77%의 득표율로 재선에 성공한다.

2020년, 헌법 개정을 통해 푸틴은 2036년까지 재임할 수 있게 되었다.

제3부 이제 세계를 지배하는 건 서구가 아니다

코로나19 위기가 세계를 강타하자, 푸틴은 2020년 8월 러시아가 스푸트니크라는 이름의 백신을 개발했다고 발표한다.

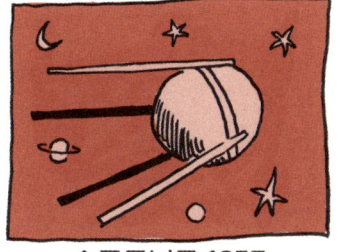

서구 국가들은 러시아의 발표를 불신한다…

…하지만 러시아산 백신은 마침내 인가되고 모스크바는 백신 외교를 발전시킨다.

지난 수년간 경제적 이유로 푸틴의 인기는 줄었지만 여전히 그에 대적할 적수는 없다.

푸틴에 반대하는 주요 인물은 그의 부패를 고발하고 2021년 2월부터 수감되어 있는 알렉세이 나발니이다. 나발니는 러시아보다 해외에서 더 인기가 많다.

그럼에도 불구하고 러시아는 더는 미국과 어깨를 나란히 하지 못한다. 중국보다도 한참 뒤처져 있다.

2022년 초, 푸틴은 우크라이나 국경에 병력 20만을 집결시킨다.

2월 21일, 푸틴은 우크라이나 동부에 있는 두 분리주의 공화국의 독립을 인정한다.

2월 24일, 푸틴은 우크라이나와 전쟁을 일으킨다.

그는 빠르게 키이우를 정복하고자 했지만, 러시아군은 무능했고, 우크라이나 군대와 국민의 예상치 못한 거센 저항에 부딪힌다.

젤렌스키 우크라이나 대통령은 망명을 거부하고 국가적 아이콘이자 세계의 영웅이 된다.

예상치 못한 난관에 맞닥뜨린 러시아 군대는 수많은 전쟁범죄를 저지르며 세계를 분노하게 한다.

서구 국가들은 러시아에 엄격한 제재를 가하기 시작한다. 군대를 직접적으로 파병하는 대신에 우크라이나에 대대적인 원조를 제공한다.

역사적으로 중립국이었던 핀란드와 스웨덴은 NATO에 가입한다.

러시아와 서구 국가들은 경제 분야를 비롯하여 완전히 단절된다.

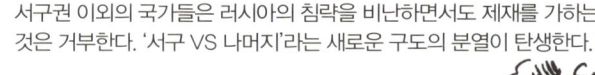

서구권 이외의 국가들은 러시아의 침략을 비난하면서도 제재를 가하는 것은 거부한다. '서구 VS 나머지'라는 새로운 구도의 분열이 탄생한다.

제3부 이제 세계를 지배하는 건 서구가 아니다

경솔한 전쟁을 일으킴과 동시에 푸틴은 그의 지정학적 목표와 정반대 결과를 불러온다.

우크라이나의 국민 정서는 친서방·반러시아로 완전히 돌아선다.

NATO의 규모는 더욱 커지고 단단해졌다.

미국은 러시아라는 위협에 맞설 유일한 수호자로 떠오르며, 유럽에서 전략적 입지를 강화한다.

오늘날 러시아의 세력은 지속적으로 약화하고 있다.*

*러시아가 우크라이나를 침공해서 공공의 적으로 떠올랐고, 경제 제재와 외교적 고립으로 어려움을 겪고 있지만, 에너지 강국으로서 제조업 강국인 중국과 반서방 연대를 통해 계속 영향력을 발휘할 수도 있다. — 감수자 주